# ニトリ成功の5原則

ニトリホールディングス会長
似鳥昭雄

朝日新聞出版

ニトリ　成功の5原則●目次

# 序章　人も会社も、原則は同じ



# 第1章　「ロマン」で人は生まれ変われる

## 第2章 「ビジョン」があるから成功できる



## 第3章 「意欲」は高い目標から生まれる

## 第4章「執念」なくして、成功なし

# 第5章「好奇心」が革命のもとになる



編集協力／久保田正志
装丁・本文デザイン／萩原弦一郎・荘司隆之（ISSHIKI）

# 序章

# 人も会社も、原則は同じ

# 落ちこぼれでも成功できる

2015年4月、日本経済新聞「私の履歴書」のコーナーに、私の話が掲載されました。おかげさまで、「おもしろい」という評価をあちこちからいただきました。

何かをする場合には、目的を定めるのが私のやり方です。

この「私の履歴書」では、**「自分は落ちこぼれでも成功できたし、実は世の中にはそういう人が多い。やればできる。自信を持ってほしい」**というメッセージを伝えようと思いました。たくさんの読者の方に読んでいただきたかったので、毎回「明日はどうなるんだろう」と思ってもらえるような構成を考えました。

そのために記者の方と相談して、1ヶ月の連載を10日間ずつ3つに分け、最初の10日間では、「いかに私の出来が悪かったか」を強調する書き方になっています。

私は本当に勉強が苦手で、それで親を泣かせていました。成績表は5段階中の1と2ばかり。それで母に「成績っていうのは、1が一番よくて、その次が2なんだ」と嘘《うそ》を言ったら、母がそれを信じ込んでしまい、ご近所に「昭雄は勉強ができる。成績表は1と2ばっかりだ」と言いふらしていました。みんな、悪いと思ったのか何年間も本当のことを母に言わなかったのですが、あるときとうとう、「実は5が一番よくて、1が最低なんですよ」と言った人が出ました。母は「そんなはずはない！」と信じずに、学校の先生のところに行って問い質《ただ》したのです。そうしたら、「5が一番いいのだ」とわかりました。

母は「親をだました」と泣いて怒り、私は叱られて、叩《たた》かれました。母が怒ったのは私の成績が悪かったからではなく、私が嘘をついたからでした。

勉強ができなくても、ケンカが強くて学校のボスだったというのならまだ見込みがあるのですが、私は落第生の上にいじめられっ子でもあって、小学校でも中学校でも、いつもいじめられてばかりいました。

「私の履歴書」は新聞連載だったので、書けないこともたくさんありました。

たとえば私が高校に入学できたのは、裏口入学したからです。受けた高校を全部落ちてしまったので、ヤミ米屋をやっていた母が、最後に落ちた高校の校長先生に米俵を1俵送って、補欠合格ということで入れてもらったのです。そこのところは新聞ではぼかして書いてあります。

高校に入ったものの、勉強はまったくわからなかったので、試験のたびにカンニングをして、いつもギリギリの成績で進級していました。

大学は、四年制の大学は全部落ちたので、短大に行ったのですが、実はそれも替え玉受験でした。このあたりはさすがに新聞には出せなかったので、書かれていません。

それぐらい、出来が悪かったのです。

大学では「学費も生活費も自分で稼げ」と言い渡されていたので、授業にはほとんど出ないでアルバイトばかりしていました。卒業して、父親が経営していた、住宅の基礎工事を請け負う会社に入りましたが、低賃金過重労働でこき使われるのに嫌気がさして、家出。次に就職した広告会社では、営業職なのにまったく契約を取れず、半年で解雇されました。その後、再就職のために10社ぐらい回りましたが、全部断られて、「死のう」と思いました。でも死ぬ前にクビになった会社に行って、「雑用でもなんでもするから、また雇ってください。そうでなければ、僕はここの玄関で首をつるしかありません」と言ったら、「死なれたらたまらない」と思ったのか、雑用でまた雇ってくれました。でも再雇用されても前とまったく変わらなかったので、「君は成長しないねえ」と言われて、また半年でクビになりました。

しかたなく父の会社に戻って土木工事の現場を渡り歩きましたが、火事で飯場を丸焼けにし、仕事がなくなり、他にやることがなくなって、お金を借りて商売を始めました。

それがニトリの創業です。30坪の店で、1階が家具売場、2階が私の住居という個人商店でした。1967年、私が23歳のときのことです。商売を始めたのは、ただ「なんとか食べていければ」という考えから。家具屋にしたのは、近所に他に家具屋がなかったからです。

けれども全然売上が上がらずに、赤字続きでした。

　私は今でいう対人恐怖症で、接客がまったくできなかったのです。商品の説明どころか、お客さんと会うこと自体が怖くて、いつも下を向いて、話しかけられても答えられませんでした。月に70万円の売上がないと利益が出ないのに、実際の売上は40万円ほど。創業したはいいけれども、いつ倒産するか時間の問題という状態でした。お金がない私は穴の開いたジャンパーを着て、インスタントラーメンばかり食べて、不健康で歯茎から出血するような有様でした。

　つぶれかけていたその家具店が、それから三十数年後の２００３年には、「株式会社ニトリ」として、「１００店舗、売上高１０００億円、利益１００億円」にまで成長します。

　直近の２０１６年2月期の連結決算は、売上高４５８１億円、経常利益７５０億円。現在まで29期連続で増収増益を続けていて、これは日本の全上場企業４０００社のうちの第1位です。２０１６年度は30期連続の増収増益を目標にしています。店舗数は日本、台湾、中国、アメリカを合わせて、２０１６年8月時点で４３７店にまで増えました。年間の入店者数はのべ1億３４００万人、うちお買い上げが５５００万人です。２０１６年はお買い上げが６５００万人ぐらいまでいきそうです。こちらも日本の人口、1億２０００万人をめざしていきたいと思っています。株式の時価総額は２０１６年7月6日には1兆５５９９億円に達し、すでに年間売上8兆円のイオンの時価総額（1兆４２４７億円）を追い抜いています。おかげさまで、ニトりに20年以上勤めている社員たちは、持っていた会社の株が値上がりして、みんな億万長者になっています。

こうして振り返ると、若い頃と今のあまりの落差の大きさに、自分でも「夢みたいだ」と驚いてしまいます。落ちこぼれのいじめられっ子だった私が、どうしてこれほど大きな成功を収めることができたのでしょうか。

それは、私の考え方が変わったからです。

そもそも机上の問題を解く力と、実社会で活躍する力とはまったく別です。どんな学校を出ようと、社会に出たらみんなゼロからのスタートです。ニトリには旧帝大出身の人が何百人か、東大や京大を出た人もいますが、誰もどこの大学を出たかなど気にしません。私も、そんなことはどうでもいいと思っています。別に高卒でも中卒でも同じです。私にしても受けた高校を、最低と言われていたところを含めて全部落ちて、裏口で入学したくらいですから、本当は中卒の学力しかないのです。それぐらいの学力しかなくても、社会で成功することはできるのです。

「勉強ができないから、成功もできない」と思うのは間違っています。大事なのは物の見方、考え方なのです。

考え方を変えることで人生を変えていけるのです。

# 成功の5原則

「成功の5原則」は、私の人生の師である故・渥美俊一先生の教えを、私自身の人生と重ねあわせて「どうしたら成功できるか」という形でまとめたものです。みなさんに社会に出て成功してほしいと考えて掲げた、そのための原則です。もともとはニトリに入社してくれた社員のために考えたものですが、広く世の中の若い人たちにも役立ててもらえればと思い、単行本として上梓《じょうし》することになりました。

5原則とは、

**①ロマン（志《こころざし》）**
**②ビジョン（中長期計画）**
**③意欲**
**④執念**
**⑤好奇心**

の5つです。これを持てば、私のような落ちこぼれでも成功できるのです。中でも一番大切なのは、ロマンを抱くこと。二番目に大切なのが、ビジョンを持つことです。

**ロマンを抱くとは、「人のため、世のために、人生をかけて貢献したい」という気持ちを持つことです。ロマンは「大志《たいし》」と言い換えてもいいでしょう。**

私は子どもの頃もサラリーマンになってからも、ずっとろくなことがありませんでしたが、今思うとそれは私が人生の目的を何も持たずに、行き当たりばったりのその日暮らしをしていたからなのです。

そんな私の考え方が根本から切り替わったのが1972年、27歳のときでした。

その頃、私は店の経営がうまくいかなくて、借金を抱えて、鬱《うつ》状態になって死ぬことばかり考えていたのですが、「何か今の状況を変えるヒントがないか」と藁《わら》にもすがる思いで、コンサルタント会社が企画した、家具業界関係者によるアメリカへの視察旅行に参加したのです。

それが、私が変わるきっかけでした。

初めてアメリカを訪れて、私はその豊かさに驚きました。それまで「日本も昔に比べてずいぶん豊かになった」と思っていたのですが、「日本はアメリカに比べれば50年以上、遅れている」と痛感しました。

アメリカのほうが日本より所得が高い上に、モノの値段がはるかに安いのです。家具の値段など、1ドル300円程度という当時の為替レートでさえ、日本の3分の1でした。着るものも靴も安くて、しかも品質も機能も日本のものより上です。

家具を含めた内装が、トータルでコーディネートされていることも驚きでした。

日本では今もそうですが、「家の内装を全体として美しく見えるようにコーディネートする」という考え方がありません。お金持ちの家であっても、全体的な調和を考えていないので、内装はバラバラ、色使いもグチャグチャです。

私はそれまで売上や利益のことで頭がいっぱいでしたが、アメリカに行ってからは、「アメリカの暮らしはなんて豊かなんだろう」「日本の人たちの暮らしを、アメリカのようにしたい」と考えるようになりました。「アメリカ人にできて、日本人にできないはずはない。自分の仕事を通じて、日本にもアメリカのような豊かさを広げていこう」と考え、帰りの飛行機の中で決意書を書きました。アメリカで受けた感動が、私の人生観を変えたのです。そこから私の生き方は変わり、ニトリの快進撃が始まるきっかけとなったのでした。

みなさんも、今やっているのがどんな仕事であれ、その世界で成功するために、「この仕事は人のため、世のためにやるんだ。そのために今の仕事を選んだんだ」という「ロマン」をぜひ、持ってください。それがあなたの生き方を変え、あなたを成功に導いてくれるはずです。

**ビジョンとは、20年以上先に達成すべき、長期の目標です。目標とする数字とそれを達成するまでの期限を入れた、具体的な数値目標を言います。しかもそれは、達成不可能とも思えるほど大きな数字でなければなりません。**

ビジョンを持つことで、それだけでは漠然としていたロマンが形を持ってきます。そしてビジョンを達成しようと努力することで、生き方そのものが変わってきます。

「アメリカで家具が安く、しかも全体としてコーディネートできているのは、小売店の力が強いからだ」と私は思いました。アメリカでは小売店が全国にチェーン展開し、大量の店を出店していて、仕入れる量が圧倒的に大きいのです。それにより、製品の内容や価格について売り手が決定権を持つことができ、お客様本位の商品企画がされているのです。

それまでの日本では、家具にかぎらず小売店は小規模な個人商店ばかりでした。購買力がないので、メーカーや問屋に価格を決められ、独自に商品の企画を作ることもできません。「この状況を変えるには、とにかく店の数を増やすことだ」と私は思いました。そこでアメリカから戻り、それからの30年で達成すべき目標を立てました。これが第1期30年計画です。

ただ最初に立てた計画は、今から見るとスケールの小さなものでした。それにどうやって店を増やしていけばいいのか、どれくらいまで増やせばアメリカの状態に近づけるのか、何もわかっていませんでした。

私は「自分は何も知らない。もっと経営について学ばなくては」と真剣に思い、1978年、33歳のときに「ペガサスクラブ」に入会します。そこで日本におけるチェーンストア理論の第一人者である、渥美俊一先生の指導を受けたのです。

渥美先生の指導の下で作り直した第1期30年計画の目標は、1972年から2002年までの30年間で、2店だった店を100店に増やし、売上を1000億円にすること。アメリカに行ったときの年間売上高が1億6000万円ほどですから、そのおよそ600倍です。このとき初めて「ビジョン」という名にふさわしい、長期かつ壮大な数値目標を会社として掲げたのです。

30年計画発表と同時に、「ホームファニシング宣言」も掲げました。

ホームファニシングとは、家具（ホームファニチャー）だけでなく、カーテンやカーペットなどのホームファッションと呼ばれる分野の商品、さらに家庭用品全般を併せて扱い、キッチンから寝室、リビングまで、家の内装全体をトータルでコーディネートしていくことです。

ビジョンを掲げたとはいっても、それですぐにすべてが順調に動き出したわけではありません。最初のうちは私の覚悟もなかなか定まらず、24時間365日、人生をかけてビジョン達成に打ち込めるようになったのは、35歳を過ぎてからでした。

30年計画で立てた、「2002年に100店舗、売上高1000億円、利益100億円」という目標は、最終的には1年遅れで、2003年に達成できました。私が59歳の年でした。

最初の30年計画が達成できたので、次には第2期30年計画として、「2032年（2033年2月決算）に3000店、3兆円」という目標を掲げることにしました。

次の中間目標は、その10年前の2022年（2023年2月決算）の「1000店、1兆円」です。そこに至るステップとして、「2017年（2018年2月決算）で500店、5500億円」という目標を立てています。5500億円と中途半端な数字になっているのは、2022年に1兆円をめざしているのに、5年前の段階で5000億円では苦しいと考えたからです。合併などがあれば、6000億円も視野に入ってくるでしょう。利益は900億円をめざしています。

私はかつて渥美先生から、「500店出せば日本全体を豊かにできる」と教えられました。いよいよ来年、その数に達することになります。

# ニトリの成長を支えてきた企業文化

成功の5原則に掲げた「意欲」「執念」「好奇心」は、29期連続増収増益というニトリの成長を支えてきた、企業文化と言えます。

**意欲とは、「できそうもないことに挑戦すること」です。**

ロマンとビジョンの追求には、必ずリスクが伴います。失敗を恐れず、リスクを取って挑戦しなければ、ビジョンは実現できません。挑戦とは、できそうなことをやるのではなく、できそうもないことをやってみることです。ビジョン達成に向けて恐れずに挑戦していく気持ち、それが意欲ということになります。

30年先の遠い目標であるビジョンを分割し、目標を10年ごとに分け、さらに5年ごと、1年ごと、週ごとに分けていく。これをワークデザインと呼びます。努力すればクリアできる、目の前の目標に置き換えることで、「なんとか達成しよう」という意欲が湧いてきます。

**執念とは、「目標を達成するまであきらめないこと」です。**

目標を達成するまでには、たくさんの失敗があります。そのときもし遠大なビジョンと、それを叶《かな》えたいというロマンがなければ、1つの失敗ですぐに「まあいいか」とあきらめてしまうことになります。なんとしても達成したい大きなビジョンがあるから、目の前の失敗にもへこれず、「何か方法があるはずだ」と追求し続けられるのです。

私は30年計画を発表してからは常に、自分のビジョンについて人前で話し、「できなかったら社長をやめる」と言ってきました。会長になった今も、気持ちは同じです。

第2期30年計画の「2032年に3000店」という目標を心に焼き付けるために、私は車のナンバーも「品川　3000」にしています。車に乗るたびに、「あ、3000だ」と思い出します。同じ数字を自宅のトイレの壁にも、寝室の天井にも貼ってあって、寝るときにも毎晩、見ています。朝起きてから夜寝るまで、常にビジョンの数字を意識するようにしているのです。そうすることで、食いついたら離れない執念が生まれます。

## 好奇心とは、「常に新しいものを発見しようとすること」です。

ビジョンで掲げた数字は、これまで通りのことをしていてはとても達成できない、高い目標です。それを達成しようと思ったら、今までとは違うやり方が必要になってきます。だから、あらゆる情報を採り入れ、新しいアイデアを生み出し続けないといけません。

発見や発明は、ビジョン達成の前に立ちはだかる問題や課題を考え続けることから生まれてきます。未解決の課題を解決する方法を見つけたら、それが「発明」であり「発見」なのです。

好奇心と対になっているのが、「素直さ」です。「これはいい」と思ったものは、素直に認め、どんどん採り入れていくことです。新しいものを採り入れるとは、古いものを捨てることです。それによって仕事もあなた自身も、どんどん変化していきます。変化を恐れていては、壮大なビジョンを達成することはできません。

変化に対して前向きであることを、私の師である渥美先生は「フレキシビリティ（柔軟さ）」と呼んでいました。それは周囲の環境の変化に対応していく力でもあります。あなたが成功したかったら、「変化はチャンス」と捉えなくてはいけません。変化から逃げていては永遠に成功できません。変化の主役になることをめざすのです。

## ロマンとビジョンこそ、すべての源

学生のときは落第生で、サラリーマンをやっていたときにも営業成績は最低。劣等感の塊《かたまり》で、人と話をするのが怖くて、「自分1人食べていければいいや」と思っていた私。**そんな私が事業を興して成功できたのは、ロマンとビジョンがあったからです。**

ロマンとビジョンを持つようになったおかげで、「このままではダメだ。やらなきゃならないんだ」と思って、いろいろなことを勉強しました。そうするうちに記憶力の悪い私でも、なんとか経営のやり方を覚えて、会社を動かせるようになっていきました。

もしロマンとビジョンがなければ、何も考えずに、行き当たりばったりで人生が終わっていたでしょう。せっかく始めた店もつぶしてしまって、今頃は路頭に迷っていたかもしれません。ロマンとビジョンを持てるかどうかで、人生はまったく変わってしまいます。

人間は本来、人のため、世のために生まれてくるのです。だから「世の中に役に立つ人になろう」と志さなければいけないし、そう志すことで人生が開けてくるのです。

若いうちにそうなれれば理想ですが、50歳、60歳になってからでも間に合います。

ぜひ本書を手にして、あなたなりのロマンとビジョンを掲げ、成功への道を歩み始めてください。

# 第1章

# 「ロマン」で人は生まれ変われる

ニトリでは「ロマン」を大切にしています。

創業から最初の20年ほどの間、ニトリのロマンとは「欧米並みの住まいの豊かさを日本の人々に提供すること」でした。しかし今では海外でも出店していますので、日本だけでなく、**「住まいの豊かさを世界の人々に提供すること」を、ニトリという会社と、私自身のロマンと考えています。**

# 低い望みしかなかった学生時代

私は北海道の出身です。子どもの頃から落第生で、勉強はまるでできませんでした。頭が鈍くて、先生の言っていることが理解できないし、極端に物覚えが悪く、教科書を読んでもさっぱり内容を覚えられないのです。

授業中はいつも別のことを考えていて、マンガを描いたり、机に穴を開けて、「貫通させるまでに何日かかるか」と賭けたりしていました。マンガを描き写すのは得意で、伸縮自在、5円とか10円をもらって、友達に頼まれて描いたりしていました。戦国時代の鎧《よろい》を被《かぶ》った武者などの絵を、下書きも修正もなしで、一発で描けるのです。それで「マンガ家になりたい」と思ったこともありましたが、写すことはできても、ストーリーを考えることはできませんでした。

高校は受けた学校を全部落ちてしまったので、しかたなく夜学に行くつもりでいました。夜学も試験があって、夜学に落ちたら中卒で親の下《もと》で働くしかありません。土建業をやっていた父の下で土木作業員をするか、ヤミ米屋の母の下で米の配達か、いずれにしても辛《つら》い仕事です。

ところが、落ちた高校の1つの校長先生が、米の配達先の知り合いだとわかったので、その校長先生に米を1俵届けて、入学をお願いしたのです。それが効いたらしく、私は補欠で合格を認められました。届けた米のおかげだろうと思うのは、私だけでなく、やはり出来が悪かった従兄弟《いとこ》も、私と同じように受けた高校を全部落ちて、そこだけ受かっているからです。

高校3年のとき、父から「大学は行かないでいい。おまえはうちの会社で土方をやれ」と言われました。私はそれが死ぬほど嫌で、「大学に行って勉強したい」と言いました。「嘘《うそ》つけ」と言われましたが、このときだけは母が「大学は行かなきゃダメだ」と賛成してくれ、「学費も食べるものも着るものもすべて自分で稼ぎ、下宿代として家に金を入れる」という条件で、進学を認められました。

といっても、受験勉強など何もしていません。もともと高校の定期試験もカンニングでかろうじて進級していたぐらいなので、受けた大学はみな落ちました。最後は短大の試験で替え玉を頼んで、そこに受かって進学することになりました。

学費と生活費を稼がなくてはいけないので、大学に入ってからも、年の半分は土木工事の仕事です。北海道は冬は雪で現場の仕事がないので、デパートやスーパーの配達やお歳暮配り、屋根の雪下ろしなどをしていました。

いつも土木工事をしていて、人間とはあまり話さず、スコップとツルハシが話し相手でした。どういうスコップがいいか、切れ味が鋭い、幅は狭くて背が高いのがいいか、ツルハシなら重さはどれぐらいで、先っぽはどんな形がいいのか、そんなことだけは研究していました。学業はまったくダメでした。

それから就職し、でもうまくいかずに、父の会社、似鳥コンクリート工業が持っていた、札幌市内の30坪の土地を借りて、家具屋を始めたのです。

若い頃の私は、「食べていければいい」としか思っていませんでした。それは勉強がまるでできなくて、友達からも親からも、「おまえ、そんなことでは食べていけないぞ」と言われていたからです。家具屋を始めたのも、食べていくことが目的でした。食べていくといっても、「結婚なんか一生、できないかもなあ」と思っていたので、自分1人が食べられればいい、というほどの低い望みしかありませんでした。

今もそのままだったら、ニトリも1店か、せいぜい札幌市内の2店か3店で終わっていたでしょう。それで食べられていたかもしれませんが、そこで満足していたら、ニトリのような大手チェーンがよそから進出してきて、つぶれていたのではないかと思います。実際その後、北海道でも個人経営の家具店は次々つぶれていきました。「食べられればいい」と小さなところで満足していると、そのうち大手にやられて倒産してしまうのです。

## アメリカ視察旅行で見つけたロマン

ダメダメだった私の人生が少し好転し始めたのは、妻と結婚してからです。

１９６７年に今のニトリにつながる家具店を始めたとき、私は23歳でした。

私は人と話すことが苦手で、接客がまったくできず、店は大赤字。そのままでは倒産です。かといって店員を雇う余裕もないので、「結婚して嫁に接客をやってもらえ」と両親に言われ、8回続けて見合いをして、今の妻と結婚することになったのです。１９６８年、私は24歳、妻は20歳でした。

私にとって運のいいことに、妻は接客上手でした。お客さんと話すのを苦にしないし、人に好かれる質《たち》なのです。私が接客するとお客さんは逃げてしまって、戻ってこないのですが、妻が接客すると固定客になってくれるのです。

妻はそれまで40万円ほどしかなかった店の売上を倍増させ、赤字の店を黒字に変えてくれました。おかげで私もやっと暮らせるようになったのです。

私は妻に接客を任せ、自分は仕入れや配達に専念することにしました。これがうまくいき、1971年には2号店を出店し、翌1972年には資本金300万円で株式会社を設立します。このときは2店舗で、年間の売上が1億円から2億円ほど。私は27歳でした。

ところがその直後、2号店のそばに1200坪もある大型の競合店が現れて、売上が急減します。赤字になり、銀行からも新規の融資を止められて、店はまたも倒産の危機に陥ります。私はすっかり鬱《うつ》状態になり、大きな木で首をつろうとか、青酸カリを手に入れようとか、ビルの屋上から飛び降りようとか、死ぬことばかり考えていました。同じ死ぬのでも、痛いのは嫌なので、楽に死ぬ方法はないかと考えたのです。

ちょうどその頃、家具室内研究所というコンサルティング会社から、その会社が主催する、アメリカ西海岸への視察セミナーがあることを聞かされ、「何かのきっかけになるかも」と思い、参加することにしました。1972年の暮れのことです。参加費は40万円で、お金をかき集めて払いました。

このときの視察旅行には、他にも40人くらいの家具業界の関係者が参加していました。

小売業が半分、残り半分が製造メーカーと問屋で、年間売上高が数十億円という規模のところが多かったと思います。まだ20代の私は参加者の中で一番若く、経営している会社も一番小さくて、完全に子ども扱い。「ぼくちゃん」などと呼ばれていたものです。

当時は日米間に定期便はなく、直行便もなくて、途中、ハワイで給油しました。ハワイではのんびりしましたが、目的地であったロサンゼルスやサンフランシスコでは、百貨店のシアーズや家具チェーンのレビッツなど、忙しく店舗を見学して回りました。

私は見学の途中で迷子になったことがあります。シアーズの売場を見学しているとき、店長が来て説明してくれたのですが、店内の椅子に座ってそれを聞いているうちに寝てしまって、ハッと気がつくと誰もいないのです。みんな次の見学場所に移動して、私1人が取り残されてしまったのでした。

あのときほど心細い思いをしたことはありません。私は英語などもちろんできず、お金もないのです。みんなとはぐれてしまい、宿泊先のホテルもわかりません。それから3時間ぐらいうろうろしてみんなを探したけれども、誰も見つかりません。「もうこれは野宿するしかない」「このままアメリカで行き倒れるんじゃないか」と悲壮な覚悟をしました。

このときは私の姿が見えないので心配してくれた参加者のみなさんが、手分けをして何時間も探してくれて、ようやく見つけてもらったのです。また合流できたときには、「いやあ、これで死なずに済んだ」と、本当にホッとしました。この件ではそれから何十年か経っても、みなさんにからかわれました。

そういうこともありましたが、このときアメリカ視察旅行で受けた衝撃は、私にとって人生観を一変させるほど大きなものでした。

まずモノの値段が安いこと。家具の価格も、アメリカでは日本の3分の1なのです。日本では家具は高いので、お客さんは長いこと考えてから買います。アメリカでは家具といっても安いので、みんなあまり考えないで気軽に買っていました。

品種の数もサイズや色の選択肢も、日本の家具は少ないのに、アメリカの家具はたくさんあります。モデルルームの展示にしても、アメリカでは家具だけでなく、カーテンなどホームファッション製品との組み合わせまで、トータルでコーディネーションが考えられています。

照明も、日本の家屋の場合は直接照明が多いのですが、アメリカでは間接照明を積極的に取り入れて、明るいところもあれば少し暗いところもあるように工夫していました。ホテルでもそうですが、そんなふうにしたほうが、心が休まるものです。

家具の品質や機能にも差がありました。それは日本の家具が作る側の自分たちの考えで作られているのに対し、アメリカではしっかりマーケティングをやって、使う人、買う人の視点に立って製品が設計されているからなのです。

たとえば日本では家具の使われ方を明確に想定せずに、漠然と汎用《はんよう》的に作られていますが、アメリカではTPOS、つまり「Time（時間）」「Place（場所）」「Occasion（場面）」「Style（ライフスタイル）」に応じて、「どんな時に、どんな所で、どんなシチュエーションで、どんなライフスタイルの人が使うのか」をしっかり想定して、機能を絞り込むのが常識です。それによって使い勝手もよくなるし、コストも安くなるのです。

こういった点では、日本の家具メーカーは今もその頃から変わっていません。だから欧米に出ていっても成功できないのです。

圧倒的な低価格と高機能、そしてトータルにコーディネートされた美しさ。それらは家具小売店が巨大チェーンだったからこそ、実現できたものでした。

当時の日本の家具の小売の世界では「店を出すなら5店まで」が鉄則と言われていました。それ以上の店を出すと、経営者の目が届かなくなって失敗すると考えられていました。なので、私もその頃は「いずれは5店出したい」とずっと思っていました。

ところがアメリカに来てみたら、アメリカの家具の小売はチェーンストア化していて、5店どころか100店、200店を全米に展開していました。そこまでやって初めて、大量購入によって価格を下げ、品質のいいものを安く提供できるのです。流通の主導権を握り、商品の企画もメーカーではなく小売側が立てることで、カーテンからベッドまで、異なるメーカー間であってもトータルでコーディネートされた形で揃《そろ》えられるのです。しかし当時の私には、いったいどうやったらそんな巨大チェーンを作れるのか、そのために何をしたらいいのか、さっぱりわかりませんでした。

アメリカの家具店のモデルルームでもう1つ驚いたのは、日本では一般的なタンスなどの収納家具、業界でいう「箱物」がほとんど見当たらなかったことです。アメリカでは衣服の収納はクローゼットで行い、食器などは壁に作り付けの棚にしまうので、部屋の中には収納家具は必要ないというのです。

日本では、「モノが多いことが豊かな証拠」と思ってしまいがちですが、それはモノがなかった時代の発想です。実際に見てみると、むしろ家具は少ないほうが部屋はすっきりしています。家具を入れすぎると、家の中は雑然としてしまうのです。モノが少なく、ごちゃごちゃしていない部屋で、壁にさりげなく絵や鏡などが置かれている。そんな内装のほうが、「センスがよくて、豊かだな」と感じられるのです。「家は、本来は家具などない状態が美しいのだ」と私は思いました。

一方で椅子やソファ、ベッドなど、日本の業界でいう「脚物」はアメリカにもありました。私は「日本も20年後か30年後、必ずこういう姿になる」と思いました。

どこの国であれ、人間であれば美しさに対する基本的な感性は同じです。椅子やソファ、ベッドなどは、これから先もなくなることはないでしょう。人類の歴史をひもとけば、古代エジプトでも中国でも、何千年も前からベッドや椅子、ソファはあったのです。「人々が豊かになって市場が進化すれば、どの国の人も必ず美しさを求めて、アメリカのようになっていくはず」と私は考えたのです。

そんなふうに「これから日本の家具の文化全体が変わっていくはずだ」と考えた人は、参加者の中でも、私の他にはいなかったと思います。

視察旅行に参加していた他の人たちも、やはりアメリカの小売チェーンのスケールの大きさに感動して「すばらしい」とは言っていました。けれども他の人たちはみな、「アメリカと日本では文化が全然違う」「アメリカのものをそのまま持ってきても、日本では売れない」という意見でした。

日本は「和」の文化で、畳の部屋で生活している。一方の欧米人は、顔形も違うし、家の中にも土足で入っていく。「そんなに違う文化の国の家具を真似《まね》してもしかたない」というのです。アメリカの巨大チェーンストアを見ても、私が感じたように「自分たちも店をチェーンストア化しなくては」「どうやったらこれだけの規模にできるのだろう」と考えることはなかったのだと思います。

私はアメリカの住まいを見て、物の考え方が根本から変わるほどの衝撃を受けました。

他の人たちが、アメリカの家具文化のうちの1つ2つを「あ、このテーブルちょっといいな」という感じで、適当に「いいとこ取り」しようと考えていたとき、私は「日本の家具文化はこれからすべて変わっていく。アメリカのものを全部真似していこう」と考えました。**アメリカのやり方のうち日本で何が受け入れられ、何が受け入れられないかなど、やってみなければわかりません。だったら全部取り入れてみればいい。100％真似すればいい。やってみてダメなものがあったら、それだけやめればいいのです。**

そうこうしているうちに、今はアメリカとは異質の日本の家具の世界も、アメリカの姿に近づいていくでしょう。

アメリカに行く前、私は自分の人生について「こんなものだろう」とあきらめていました。「がんばってみたところで人間、結局はなるようにしかならない」と思っていたのです。いわば「宿命主義」です。

それがアメリカに行ったことで、「日本にもアメリカのような豊かさを広げたい」という夢、「ロマン」が私の中に生まれたのです。「この夢を実現するために、これから自分は生きていこう」と思いました。「宿命主義」が「理想主義」に変わっていったのです。

ロマンを抱いたことで、その他のさまざまなことが連鎖的に変化していきました。

たとえば日々の仕事については、妻に接客を任せ、自分が仕入れを担当するようになってからは、それなりの「やりがい」を感じていました。しかしアメリカに行ったことによって、「やりがい」だけでなく「生きがい」がそこに加わりました。

それまで私が働いていた目的は、自分が楽になるためです。だから働いていても、どうやって楽をするかばかり考えていました。夕方になると「さっさと切り上げて遊びに行こう」という気持ちが抑えきれずに、閉店時間ギリギリに来たお客さんを追い返したりして、妻に怒られたものです。**ところが働く目的が、「日本の人々を豊かにすること」に変わってしまうと、自分だけが得をするために努力していたものが、「人々の『幸せ』につながる努力」に変わり、働き方もテンションが上がって、一気にハードワークになっていきました。**

経営のやり方も、それまで1店、2店の経営を我流でやっていたものが、アメリカの巨大チェーンを見て、到底それでは間に合わないことに気づき、その道の専門家や経営についての本から学んで、定石を知ろうと心がけるようになりました。「とにかく目の前の問題をなんとかしよう」という短期決戦型、思いつきの経営は、30年先の目標まで立て、それに向かって進もうという長期計画型になり、仕事の進め方も、「第一に方向が正しいか確かめ、次にどんな方法を使うか考え、方法が決まったら、手順を踏んでそれを実行に移していく」という、計画的な形に変わっていきます。

**ロマンを持つことで、私の生き方のありとあらゆる部分が変わっていったのです。**

# なぜ「お客様が第一」なのか

**ロマンを心に焼き付けるためには、想像してみることです。そのロマンが実現したときに、どんなことが起き、どんな気持ちになるのか、想像してワクワクしてみるのです。私の場合はよく、お客様の喜ぶ顔を想像します。**

「住まいの豊かさを人々に提供していく」というロマンと出会うまでの私は、「売上を上げよう。儲《もう》けよう。前年比いくらだ」と、毎年、毎月、毎週、そればかりでした。

それがロマンを持つようになってから、次第にそうではなくなり、「お客様にとって何が快適で、何が不快なのだろう」と、買う側、使う側の立場に立って、考えるようになりました。お客様は何が不平で、何が不満で、何が不便なのか。それまでそんなことは、あまり考えたことがありませんでした。視点がいつも自分中心だったからです。

お客様の立場に立って、その暮らしを豊かにするお手伝いをするとなると、大事なのは店を増やすことになります。それによってどこに住むお客様でも、ニトリのお店に気軽に来られるようになるからです。店の数を増やし、来てもらえるお客様の数を増やすこと。それをしないと、結局は売上も利益も伸びないのです。ただ本当にそれがわかったのは、もう少し後になってからです。

今では私の心の中には、いつもお客様がいます。商品を見るときも、お客様が喜んでいる姿が浮かびます。私は似鳥昭雄という自分を無にして、お客様の目で見ているのです。そのときどきで、子どもになったり老人になったり、女性になったりして、その場所に「何か問題はないかな」と見渡します。

ニトリでは毎年2回、中国の広州で行われる巨大な展示会（広州交易会）に商品部の社員が行き、ニトリで扱う新しい商品を探しています。

ところがそこで新しい商品を探すのが一番早いのが、私なのです。社員が通った後から行って、「これはいい」という商品を見つけることもよくあります。

私が「いい」と感じた商品が、なぜ社員たちの目には留まらなかったのでしょうか。それはたくさん商品があっても、自分の部署に関係がある商品しか、社員たちの目には入ってこないからです。みな、自分の立場から見ているのです。私に言わせれば、それは「人々を豊かにしたい」というロマンが足りない証拠。お客様の目で見なければ、商品の価値はわかりません。

商品開発でも、担当者に任せていてもなかなかいいものが出てこないので、私が直接開発を指揮したら、ヒット商品になった、ということがよくあります。それもお客様の目を持てるかどうかの違いです。

開発担当者にしても毎朝、「お客様視点の商品の追求」と唱和しているはずなのですが、いつの間にか空念仏になってしまって、自分の立場、自分の思い込みで物を見たり考えたり行動していることが多いのです。自分を無にする、ゼロにして、素直になることは、それだけ難しいのです。

私はお酒を飲んでいても、食事をしていても、お客様の目で周りを見ています。普段からリサーチしています。お店に入れば照明の光の当て方や、内装の色や素材、コーディネートを見ているし、ホステスが向かいにいたら、ファッションはどうか、スタイルと合っているか見ているし、話をするのでも、それぞれの性別、年齢の人たちがどんなことに興味があり、何が日頃の楽しみなのか、見ること、聞くことはいくらでもあります。

それができるのは、私に余計なプライドがないからなのかもしれません。私が優秀でなくて、劣等感の塊《かたまり》だからこそ、自分を無にすることに抵抗がないのかもしれない。「自分の頭で考えるより、素直にありのままを見よう」と思えるのかもしれない、と思うのです。

お客様が何を求めているのか、不平、不満、不便は何かということは、販売の現場や競合他社を見ていればある程度はわかり、そこから商品やサービスを開発することもできます。しかしそれだけでは単発に終わってしまい、長続きはしません。ロマンがなければ、仕事も惰性で流れてしまいます。

色紙を求められたときなどに最近よく書いている、**「先客後利」**という言葉があります。これは「先義後利」、つまり「道義を第一に考え、利害損得は後回しにする」をもじったもので、**「まずはお客様が第一。お客様を満足させられれば、利益は後からついてくる」**という意味です。

もう1つ、最近よく使う言葉に、**「先憂後楽」**があります。これには意味が2つあって、1つは「為政者が民の暮らしを優先し、民が楽しんだ後に自分が楽しむようにする」ということ。商売の世界に直せば、**「お客様の満足を優先し、お客様が楽しんだ後で自分たちのことを考えるようにする」**ということになります。

最近は、株主や社員などのステークホルダーに満遍なく目配りする必要を説く人が多いのですが、私の考えは少し違います。

**お客様が満足すれば、関係するすべての者に利益が行き渡ります。**まともな経営者であれば、利益が上がればちゃんとそれを分配するはずです。その結果、賃金、福利厚生といった社員の待遇もよくなり、株主への配当もよくなるのです。川の流れのようなものです。ですから経営者はお客様のことだけを考えていればいいので、わざわざ「社員のため」とか「株主のため」などと言う必要はないのです。守るべきものは1つでよく、「あれも、これも」と言っているとどこかに偏ったりして、混乱するばかりです。

かつて私は売上と利益のことで頭がいっぱいでしたが、そのときはろくに利益が出ず、社員は低賃金で過重労働でした。しかし**「お客様第一」という方針で経営するようになってから、利益が上がり、株価も上がり、社員の待遇も改善されていきました。**

今ではニトリの社員の待遇は、流通業界の中ではトップクラスです。もう13年連続でベースアップを続けています。現在の生涯年収は試算では約2億7000万円。現状でも北海道、東北に本社を置く企業としてはダントツ1位です。お客様を大事にしていれば、利益や給料は後からついてくるのです。

「先憂後楽」のもう1つの意味は**「先に苦労して後年から楽しもう」**という意味です。私は常々、「今、文句を言われてもいいから、後になって感謝されることをやろう」と考えています。ニトリでは、ボーナスとは別に、好決算のときに社員に渡す「決算手当」という制度を設けています。この決算手当は現金ではなく、毎年ニトリの株式で渡しています。2015年度は本給の2ヶ月分。入社2年目から渡しています。

もちろん使いやすいのは現金のほうで、株で渡されると、所得税が社員にかかってきて、それを自分で払わなくてはなりません。それについては必要なら会社から貸すと言っているのですが、「面倒なので現金で欲しい」という文句がいつも出ます。

でも「現金なら半分以下に減らすぞ」と言っています。

現金で欲しいという社員は、私がなぜ手当を株の形で渡しているのか、意図がわかっていないのです。よく考えてみてください。2015年に1株7900円で渡した決算手当の株式には、今は1万3000円以上の値がついています。渡されたときより6割以上も上がっているのです。50万円分の手当をもらった人は、今は80万円以上になっているのです。それに気がついている人は「こんなに増えた」と喜んでいるはずです。

この先、ニトリの利益が2倍になれば、株価も2倍か、場合によってはそれ以上にも上がっていきます。ただ、社員たちの言い分も理解できますから、今後は決算手当の一部は現金にしようかと考えています。それなら、税金の支払いに困ることもありません。

決算手当をもらったニトリの社員たちにとっては、成果を上げることは誰よりも自分自身の利益になるわけです。ひとりひとりの社員ががんばることが、ニトリという会社だけでなく、お客様、取引先、株主、そして社員自ら、みんなを幸せにすることになるのです。その関係を図にすれば、ニトリを底辺に、お客様、取引先、社員、株主を結ぶ五角形になってきます。ニトリは一番下で、他を支える役割です。

ロマンとビジョンがあり、社員が働いていて楽しい会社、自己実現、自己成長の場としての会社。将来に続く路線を自ら選び、そこで財産を構築していく。そういう会社を作りたいと思ってやってきました。

以前は安かったニトリの株は、その後ぐんぐん上がって、ニトリの古くからの社員にはそれで大金持ちになっている人がたくさんいます。それもこれも、ひたすらお客様の喜ぶことを考え続けてきた結果。ロマンを追求していった結果なのです。

## 価格を安くすることで、暮らしは豊かになる

お客様は常に進歩しています。新鮮なもの、これまでにないものを求めています。何かを売ろうとする人は、せいぜい数十年しかない自分の過去の経験で、お客様が喜ぶかどうか、売れるか売れないかを判断してはいけません。常にお客様の気持ちになって考えることが必要です。

ただし、**1つ変わらずに言えることがあります。それは「お客様にとっては、安いことが一番うれしいのだ」ということです。**

「人々の生活を豊かにしたい」とき、方法は2つあります。1つは、人々の収入を増やすこと。もう1つは、モノやサービスの値段を安くすること。私が考えたのは、後のほうでした。

安さは暮らしを豊かにしてくれます。給料が同じでも、モノの値段が半分になれば、給料が2倍になったのと同じです。デパートで扱われているような高級品であっても、価格を10分の1にすれば大衆品になります。

ダイヤモンドがいい例です。かつては一般の人には手が出ない高級品でしたが、今では宝飾品としてすっかり一般化しています。毛皮や羽毛も同じです。羽毛の布団など、昔は平気で10万円、20万円していました。今では1万円台で買えます。

家具は買い替えまで10年かかりますが、枕や毛布は金額が小さいので、2~3年で買い替えます。カーテンやカーペットのように、ホームファッションの中でもこれまで高いからなかなか買い替えられなかったものでも、5000円、1万円になれば気軽に替えられるようになります。それこそ衣服と同じように、春夏秋冬、季節や気分ごとに替えることができるようになるのです。それが「住まいの豊かさ」というものです。

高級店で売っている商品の価格を10分の1に、それが無理なら最低でも2分の1にする。そのためには数を出し、仕様を決めて大量発注しなくてはなりません。店舗とお客様の数を増やし、購買力を上げた上で、ニトリ自身で企画開発しなければならないのです。そこに店舗数を経営の目標とする意味があります。

# 見た目が美しいコーディネートをめざして

日本で売られているカーテンは、かつてはほとんどが柄物でした。無地のカーテンはなかったのです。

しかし柄物だけでは、柄と柄がバッティングしてしまい、うまくコーディネートができません。コーディネートのためには基本は無地としなければなりません。その上で補色の関係にあったり、反対色の関係にある色同士をうまく組み合わせると、目に鮮やかなコーディネートになります。たとえば寒色の青と暖色のピンクの組み合わせ。グリーンとブルーという寒色同士の組み合わせもあります。

ところが黄色系の柄が入ったものとブルー系の柄が入ったものを組み合わせようとすると、ぶつかり合ってコーディネートになりません。見た目が美しくないので売れないのです。そういう場合に「この商品はなぜ売れないのか」という理由をちゃんとわかっている人は、今でも少ないと思います。

多くの家庭の中には、何十色もの色があります。これではゴチャゴチャして、美しくは見えません。できれば3色に絞ってコーディネートすべきです。店舗の場合も基本色は何色かに絞らないと、美しく見えません。

そうしたことについて、私は最初はまったくの素人でした。色の勉強を始めたのは30代になってからです。インテリアコーディネーターの草分けである、町田ひろ子さんが日本で初めて開いた「町田ひろ子アカデミー」というインテリアの専門学校で、2年ぐらい勉強しました。町田ひろ子さんは私よりいくつか年下で、アメリカ生活が長かった方です。そのため私と同じように、「日本のインテリアコーディネートは遅れている」という問題意識を強く持ち、全国数ヶ所に専門学校を開きました。私が通ったのは、その中の札幌の分校でした。

他の先生にもついて勉強しました。インテリアのコーディネートについて、基礎知識が必要だと思ったからです。日本でカーテンに柄物しかなかった時代にも、アメリカでは店舗の売場も一般家庭の中も、置かれている品物の半分は無地でした。

春夏物であれば、基本色をブルーにすると涼しいイメージになります。それを全体の6割にして、3割を暖色にし、さらに1割ぐらい、アクセントカラーを使うといった配色にします。

家全体の色の分量をまず決めてしまうのです。その上で、無地のものの割合をどれぐらいにし、柄物の割合をどれぐらいにするかを決めます。柄物にも、花や草から、直線柄、ペイズリー柄のような幾何柄があり、柄の大中小もあります。全体のまとめ方にも、「モダン」や「コンテンポラリー」「クラシック」といったスタイルがあります。

今、年に2回発行しているニトリの商品カタログには、さまざまなコーディネートの例が載っています。ニトリの場合、自社開発しているので、自在にコーディネートの提案が可能です。たとえばラグ1つにしても、クッションと合わせてデザインされています。

色の数を絞ってあると、季節が変わったときなどにガラッとイメージを切り替えられます。ニトリでは店に置かれた品の中で、通年商品は半分くらいです。さすがに季節ごとに商品全部は入れ替えられないので、半年ごととし、一部は年間通して販売していきます。新しい商品を展示するためには、以前からある商品を片付けなくてはなりません。そのため入れ替える予定の商品については、売れるまで値引きして、残らず売り切ってしまいます。

私自身も季節を意識して服装を変えています。春夏物であれば、涼しそうな色や素材を選びます。秋冬物はざっくりした生地で、色合いも地味めにすると季節感が出ます。

カタログに掲載されている室内のコーディネートも、適当にやっているわけではなく、計算し尽くされた組み合わせなのです。まずどの年齢層に訴求するかを決め、基本となるスタイルを決め、配色を決め、絵を描き、企画段階で徹底的に詰めていきます。その中ですべての色が関係性を持ってつながっているのです。

私がアメリカで衝撃を受けてから、こうした商品づくりができるようになるまで、30年かかりました。今では日本も、だんだんアメリカに近づきつつあります。

## ロマンは人のため、世のため

**ロマンとは、自分個人の得失をはるかに超えたところにある願いです。「人のため、世のため」の願いでなければ、ロマンではありません。**また実際、「人のため、世のため」と考えるようにならないと、人生観は変わらないし、人生観が変わらなければ人生も変わらないのです。

人生は、自分で願った以上にはなりません。強く願うことで初めて、それに沿った方向にすべてが動き出します。もし人生が思い通りにならないとしたら、あなたの思いが弱いから。ロマンとビジョンが足りていないからです。

**ロマンとビジョンの達成には、「絶対にやるんだ。自分がやるんだ」という覚悟が欠かせません。**「誰かがやるだろう。自分は便乗していればいいんだ」という人は、ロマンを持っていることにはなりません。そういう自分本位の物の見方、考え方が変わらないかぎり、あなたの人生も変わりません。「自分がやる。なんとしてもやる。失敗したら責任を取る」という覚悟があって、初めてロマンを抱いていると言えます。

私の師である渥美先生は「いくら教えても、人生観まで変わるのは、100人に1人」と言っていました。年2回、200～300社の会員企業から大勢の人が集まるペガサスクラブの政策セミナーの挨拶《あいさつ》で、よく「今回集まったのが700人だから、その中で成功する人は7人かな」などと言っておられたものです。

集まった中には、東大出や京大出の人もいますが、頭の良し悪《あ》しは関係ありません。世の中、優秀な人が成功するわけではないのです。ロマンとビジョンを持ち、体も心もすべてその方向に向けられる人、心から信じ込める人が成功するのです。序章で「落ちこぼれでも成功できる」と書きましたが、本当にその通りなのです。ただしロマンとビジョンは、自分の人生すべてをかけなければ、決して達成できません。だから100人に1人なのです。

ただ「100人に1人しかロマンとビジョンは持てない」などというとみんな、「それじゃ自分なんか、とてもダメだ」と思ってしまうので、私はニトリの社内では「10人に1人」と言うようにしています。もともとニトリというロマンとビジョンのある会社にいるわけですから、そういう会社にいれば、それぐらいの人が変わってくれるのではないかと思うのです。

渥美先生によれば、人が人生観が変わる体験をするのは、40歳ぐらいが多いそうです。私の場合は、27歳でアメリカに行き、33歳でペガサスクラブに入会して、それから3、4年経ってから人生をかける覚悟ができました。年齢にして35歳前後で、これは早いほうだと思います。

普通は自分の心にロマンを刻み込もうと、日々コツコツ努力し続けて、ようやく40歳以降に変われるかどうかというところです。

会社のロマンを共有するためには、会社に来ているときだけ、給料をもらっているときだけそのことを考えていてもダメなのです。出社前、退社した後、私生活の時間まで「このロマンを実現するためにどうしたらいいだろう」と考えるようでなければ、ロマンを持てたとは言えません。「プライベートでまでそんなことはやりたくない」という人は、１００％ダメです。

たとえば展示会で、ある商品を見て、それが検討すべきものかどうか瞬間的に判断するためには、今、ニトリの店にどんな商品があり、その機能や品質、値段がいくらで、何が売れ筋なのかといったことが頭に入っている必要があります。同様に、競合他社の店にどんな商品があるかもわかっていると判断の助けになります。そういった知識がないと、パッと見たときに、それがいいかどうかの判断がつかないのです。自分の趣味で買うのであれば、自分が気に入ったかどうかだけが問題で、後はお財布との相談になりますが、バイヤーとして商品を判断するためには、判断の材料となる知識が常に頭に入っている必要があります。

それは勤務時間中に担当する売場で販売をしているだけではわかりません。「休みは休み」と言って遊んでいては無理です。勤務時間後や休みの日に、他社まで出かけて勉強することが必要になってきます。

ニトリで執行役員を務めている安孫子尋美さんは、ずっと札幌で勤務していました。東京本部に来て10年ほど経ちますが、とりわけロマンが強い人で、この30年間、休みの日には自分のお金を使ってあちこちの店を回って勉強していたそうです。彼女と同じ年代の男性社員にそんな人はいませんでした。こういう人にどんどん出てきてほしいのです。それをしていない人は、ロマンが足りない。だから有望な商品が目の前にあっても目に入ってこない、ということになるわけです。

## ロマンは情、ビジョンは数字

私は母親に似て、気性は荒いけれども情にもろいのです。ついでに、頭も顔も悪いです。ただ経営は、頭がよければうまくいくというものでもありません。頭がよければうまくいくのは大学までで、社会人で成功するのは現状を否定し、今までのやり方を変え、目標とする数字と状態をいい方向に変えられる人です。経営というのは、右手にソロバン、左手に義理人情です。きびしさと愛情、両方持っていないとうまくいきません。

**ロマンとビジョンも同じで、ただビジョン、数字の目標を作っただけではダメ。「人のため**

**に役に立つんだ」という志がそこになければいけません。すべてにおいて、その人の思想が一番基本にある。それがニトリ流です。**

**その意味では「ロマンとは情であり、ビジョンとは数字である」とも言えるかもしれません。**

中途で退社した後、頼まれて会社への復帰を認めた人が、これまで十数人いました。中には不倫を起こして駆け落ちした人もいました。その人の場合、「もう二度と復帰させない」と思っていたのですが、泣きつかれてつい、また入れてしまったのです。だけどやっぱりダメでしたね。戻ってもまたやめてしまいました。

私の場合もう1つ、「みんなに喜んでもらいたい」という思いがとても強いのです。

家でもそうで、妻からよく、「あんたという人は、人に喜んでもらうために、いったいいくらお金を使っているの」と言われます。いくらお金を使っても、家に来てくれた人には喜んでもらいたいと思ってしまうんですね。人が喜んでくれることが私自身の喜びなのです。誰かが喜んでいる顔を見ると、「ああ、役に立っているんだなあ」と感じます。

人に喜んでもらうことが好きという性格は、仕事の上でも役に立っていると感じます。お客様を喜ばせたいから、お客様が何に不満で、何に不平があるのか気になります。相手に喜んでもらいたいという気持ちを持っているからこそ、相手の立場に立って考え、問題を発見できるのです。「お、ねだん以上。」も、それと同じで、お客様に喜んでほしいから、いい品を安くしたいとがんばるわけです。社員に対しても、「悩みを解決してやったら、楽になるだろうな。喜ぶだろうな」と思っています。株主の方たちにも喜んでもらいたいから、業績をよくしたいとがんばれます。すべて「喜び」が私の行動の基本です。

うちの息子と娘にも、「人の役に立つことを目的に人生を全うしたほうがいい。それ以外は何をやってもいいから」と言っています。

**人間も会社も「あの人にいてほしい」「あの人がいてよかった、助かった」「あの会社があって助かった」と思われてこそ、存在する意味があるのです。**「あの人は役に立たない」「いてもいなくてもいい」「いないほうがいい」と思われるようなら、生きている価値がありません。基本はそれ。それだけでもう90％以上です。

ただ「人の役に立つことを目的としろ」と言っても、実際はなかなかできないものです。でも心に「人のため、世のため」というロマンを抱くことで、すべてが変わってくるのです。

ロマンは、私が死んだとしても、地球があるかぎり変わらないものです。

どうかニトリ以外で働いている若い人たちも、自分のためだけでなく、人のため、世のためのロマンを持っていただきたいと思います。もし全世界の人が、人のため、世のために働くようになれば、戦争などなくなるでしょう。私はみなさんに「やりがい」だけでなく「生きがい」を持って、一生涯社会への貢献を続けてほしいと願っています。

# 第2章

# 「ビジョン」があるから成功できる

# 渥美先生が教えてくれたロマンとビジョン

私には、人生を変えるきっかけを作ってくれた人が2人います。

1人は妻です。妻は、そのままだったら倒産して失敗に終わっていたはずの家具の商売を支えて、私に代わって接客し、売上を倍増してくれました。おかげで夫婦で食べていけるようになり、そこから今に続く道が拓《ひら》けたのです。

もう1人がチェーンストア理論の渥美俊一先生です。ビジネスのことも経営のことも何もわからない私に、経営のなんたるかを教え、生き方を変える後押しをくれた方でした。

1972年、27歳のときのアメリカ視察旅行で人生観が変わったと言いましたが、一瞬でそれまでの考えが全部ひっくり返り、今と同じになったわけではありません。ロマンという言葉も、アメリカから戻った頃はまだ使っていませんでした。

「アメリカに追いつきたい。日本人の住まいを豊かにしたい」と思うようになったのは、アメリカに行ってからですが、**「人生にも会社にも、ロマンとビジョンが必要なんだ」とはっきり自覚するようになったのは、渥美先生が主宰するペガサスクラブに入会してからのことでした。**

アメリカから帰って、「よし、わかったぞ。店をたくさん出せばいいんだ」と思った私は、「経営難の原因になった競合店の東西南北を攻めて、やっつけてやろう」とファイトを燃やして、新たに店を出しました。まず敵の西に出店場所を探し、帰国の翌年、1973年に建てたのが今の本社となっている、札幌市北区にある麻生《あさぶ》店です。

1店目はオープン当初が30坪で、その後、住居にしていた2階も店にして、60坪に増えていました。アメリカに行く前に出した、2店目の北栄店は250坪。この店の土地は似鳥コンクリート工業の所有地で、当時としては大型店でした。

アメリカから戻ってから出した3店目の麻生店は、350坪です。「日本でもアメリカのように豊かな暮らしができるようにしたいんです」と、ロマンを語って地主さんを説得して、相場よりだいぶ高い価格でなんとか購入しました。資金は銀行から借り入れました。業績不振だったのでなかなか了解してもらえませんでしたが、やはりロマンを語り、購入予定の土地も見せて、「絶対に繁盛するから」と説き伏せたのです。私にとっては勝負をかけた店でした。

幸い麻生店はオープン当初から好調で、よく売れました。経営危機だったニトリにとって、起死回生の出店となりました。続いて1975年の冬に、エアドームの南郷店を出しました。

ニューヨークの会社から輸入した、空気圧をかけて膨らますエアドームで店を作ったのです。高さ12メートル、500坪の店でした。日本初ということで評判になりましたが、この店では本当にいろいろなことがありました。エアドームの輸入や設置は苦労の連続で、突貫工事の末に店ができたのはオープンの2日前。しかもオープン前夜に降った雪でドームがつぶれてしまったり、社員総出で雪下ろししていたら中の1人が雪の中に落ちて救急車で運ばれたり……。

その後、1976年に山の国道沿いに540坪の手稲富丘《ていねとみおか》店、77年に札幌市豊平区に月寒《つきさむ》店を出します。アメリカから帰って、1978年にペガサスクラブに入会するまでに、6店目をオープンしていたわけで、これは自分でもよくやったなと思います。

当時は出店のたびに、「これしか広さがないのか」と言っていました。経営危機の原因となった競合店は1200坪あったので、そこを基準に考えていたのです。それにアメリカで視察した家具店はもっと巨大で、2000坪ぐらいありました。アメリカで私が見学したチェーンストアは、それぐらいの規模の店が各地に70～80店舗もあったのです。しかしその後、そこも経営破綻《はたん》しています。アメリカは本当に競争が激しいのです。

ただ5店目を出す頃にはもう「敵の周りを攻めてつぶす」という計画はやめていました。近くに1店だけある個人経営のライバル店と戦うという発想が、ばかばかしくなってきたからです。そのときはまだ渥美先生と出会う前でしたが、「そんなことが目的じゃない。オレは大チェーンを作って日本を豊かにするんだ」という考えに切り替わっていたのです。

一方で2店が3店に、4店、5店になっても、まだ私はひたすら「お客が入っているかいないか」「売上が上がっているか」「利益が出ているかどうか」と、売上高と利益ばかりを気にしていました。

その頃にはなんとか利益が出るようになりましたが、それも2、3％程度。「なんとか儲《もう》けを5％にしたい」ということが目標でした。当時は家具の販売で利益率が5％あれば優良店でした。それが達成できたら、次の目標は10％です。10％まで行くと、今度は優良店ではなく優秀店になります。頭にあるのはそこ、売上と利益だけでした。

初期の社員たちに聞くと、ニトリという会社は、私がアメリカに視察旅行に出かけて戻ってきて、そこからペガサスクラブに入会するまでの数年間が、一番ひどかったそうです。

ひどいというのは、次々と新店を出店し、「あれもやれ、これもやれ」と扱う商品も手を広げて、社員は過重労働、低賃金、「今でいうブラック企業そのものだった」というのです。確かに当時は私も「休まずに働いて、低賃金でも今は我慢してくれ。将来、大きくなったら給料を上げるから」と言っていました。1975年に初めて大卒社員を5名採用したのですが、夜遅くまで働かせた上に、週に1度しかない休みにまで研修のために連れ回し、とうとう全員がやめてしまいました。

30代前半の頃の私は、経営者としてまだまだ未熟でした。お金がなく、人もおらず、モノもない中で、経営方針や方法もころころ変わっていました。自己流で商売をやって10年間、どうやっていいのかわからなかったのです。頭の中はグチャグチャでした。

アメリカから戻ってしばらくした頃、私はたまたま取引先の会社の応接室で、流通業のチェーン化についてのシリーズ本を見かけ、すぐに全巻を買い込みました。

「アメリカの、このすばらしい住まいはなぜできたのか。やはりチェーンストア化が鍵なのか」「なんとかアメリカに追いつきたい。日本人の住まいをアメリカ並みにしたい」という思いが芽生える中で、私はそのための方法を教えてくれる人を探していたのです。

このシリーズの著者が渥美俊一先生でした。

渥美先生の本に出会って、私は目を開かれる思いでした。「私が悩んだことが全部出ている。そうか、こういうふうにやらなきゃいけないのか。この人の言う通りやっていけば成功できるんじゃないか」と思えたのです。23歳で商売を始め、まだ30代で未熟で、悩み苦しんでのたうち回っているときだったから、真綿に水がしみ込むように教えがスッと入ってきたのでしょう。まさに「巡りあえた」という思いでした。

私は先生の著書を何度も読み返し、先生が主宰しているというチェーンストア経営の研究団体ペガサスクラブに、なんとか入会したいと思うようになりました。何年も機会に恵まれなかったのですが、1978年1月、33歳のとき、とうとう入会を果たすことができたのです。

当時、渥美先生は51歳。日本チェーンストア協会の初代事務局長も務めており、チェーンストア理論ではすでに日本を代表する方でした。

渥美先生は日本のコンサルタントの中でも突出した存在でした。東京大学法学部出身で、読売新聞記者から経営コンサルタントに転じ、1962年にチェーンストア経営の研究団体であるペガサスクラブを設立。「日本人の生活は世界の先進国に比べれば豊かとは言えない。それは日本の流通業が規制に縛られ、製造業に比べて近代化が遅れているためである」という持論から、「立ち遅れている日本の流通を、チェーンストア産業によって改革し、流通革命によって日本人の生活水準を向上させること」をクラブの設立目的としました。

ペガサスクラブの会員は、1969年には1000社を超え、その中にはダイエー、イトーヨーカ堂、ジャスコ（現イオン）、すかいらーく、吉野家など、日本を代表するチェーンストア企業がありました。日本の小売業の総売上が110兆～120兆円だった頃、ペガサスクラブに参加していた企業の売上の合計は40兆～50兆円にも達していたのです。こんな勉強会は日本ではもちろん、欧米を含めて世界に類がありません。

渥美先生は東京で月に何度かチェーン化経営戦略のセミナーを開いており、また春と秋には箱根で数百人の会員を集めた、政策セミナーという泊まりがけの集まりがありました。

私は先生の教えを聞くために北海道から毎月、東京のセミナーに参加し、年2回の政策セミナーにも必ず参加するようになりました。

**私が「ロマンが第一」と口にするようになったのは、ペガサスクラブに加入して「企業はお客様のため、人のため、世のためにある」と教えられてからです。**

ロマンとビジョンという言葉自体、先生の講演で聞いて初めて知ったのです。

**「経営者はロマンチストたれ」と私は教わりました。ロマンとは、日本語でいう「志《こころざし》」のこと。ロマンを持った人のことを「ロマンチスト」と言うのです。渥美先生によれば、「人のため、世のために行動する人」がロマンチストです。**

会社にはロマンが必要であり、社長以下の社員はロマンチストでなければならない。そしてロマンとビジョンがあれば、そこから仕事への意欲と執念、好奇心が生まれてくる。先生はそう話され、私はそれを「成功の5原則」という言い方でまとめて、自分の口から社員たちに伝えていくようになったのです。世の中にはたくさんのコンサルタントや経営者がいますが、そんなことを言っていたのは渥美先生だけでした。

## ビジョンの基本は100倍発想

**ロマンと並んで大事なのが、ビジョンです。**

**先生によれば、ビジョンとは20年以上先の目標を言います。事業を山登りにたとえるなら、ビジョンはめざすべき「山」です。ではロマンは何かというと、山の与えてくれる感動や感激です。**

山であれば、どんな山でも登れば大きな感激があるというわけではありません。大きく、美しい山ほど感動も大きいのです。同じめざすのであれば世界遺産の富士山のように、大きな感動と感激を与えてくれる山の頂きをめざしたいものです。

人々のちょっとした不平、不満、不便を解決することも、「人のため、世のため」にはなります。ただそれだけでは世界はよくなりません。

ロマンが「住まいの豊さを人々に提供すること」であれば、そのための手段はもっとスケールが大きい必要があります。「住まいに関連するすべての商品の値段を3分の1にする」「その商品すべてをコーディネートする」というレベルになってきます。これは規模が桁違い、１０００店、２０００店の話で、何十年もかかる大作業です。

これを実現するために、「30年かけて１００店舗にまで増やす」といったビジョンが必要になってきます。**大きなロマン（志）を達成するためには、ビジョンがないと無理なのです。**

私が経営の長期計画を初めて作ったのは、渥美先生の教えを受けるようになる前、27歳でアメリカに行ったときです。「日本はアメリカから50年以上遅れている。これに追いつき追い越すためには、どうしたらいいのか」と考え、それを数字で表そうとしました。アメリカから帰る飛行機の中で、「それからの30年で達成すべき目標」を考え、それを必ず達成するという決意書を書きました。

これが第1期30年計画です。このときの計画では、「最初の10年が人づくり、次の10年が店づくり、最後の10年が商品づくり」としました。

まず人づくり、という30年計画に沿って大卒の定期採用を始め、教育にもお金をかけて人を育てていこうとしました。

次の10年間は毎年店舗を出店し、チェーン店としての形を作ります。

20年経って、ある程度の店舗数ができて購買力がついたら、それまで日本にはなかった、トータルコーディネートされた住まいの提案をする独自商品を開発していこう、と考えたのです。

1972年の暮れにアメリカから戻ってきて立てた30年計画なので、最終期限は2003年2月。計画を立てたときにはまだ2店舗しかなく、30年後の目標も小さくて30店舗、売上は100億円だったか200億円だったか、そんなものだったと思います。

それから5年後に渥美先生のペガサスクラブに入会して、「長期計画セミナー」というセミナーを受講しました。

そこで渥美先生から「長期計画のビジョンを出しなさい」と言われ、それまでに作っていた

30年計画をそのまま長期計画として提出したのです。

ペガサスクラブへの入会後まもなく、7店目となる厚別店を札幌市厚別区にオープンし、社名もカタカナの「ニトリ」に変更していました。7店舗合計の売上高は15億円ほど。30店舗といったらその4倍にもなるので、「十分だろう」と思ったのですが、「小さすぎる」と言われてしまいました。それで50店舗に増やして提出し直したのですが、まだダメでした。**先生は「ペガサスクラブでは、基本は100倍発想だ」というのです。**

**その考え方というのは、こうです。**

**従来の2倍とか3倍というレベルなら、それまでの継続で達成できる。しかしそれまでの100倍となると、過去と同じことをしていては決して達成できない。たとえて言うなら、それまで足で歩いていたものを自転車に乗り換え、さらに自動車に乗り換え、そこからさらに飛行機に、さらにロケットに乗り換えるような発想の転換が必要になる。自動車に乗ろうと思ったら、そのためには自分が免許を取らなくてはならない。つまり経営者自身の成長も求められる。**

「そういう高い目標を掲げて、そこに向かって突き進んでゆくのだ。それがビジョンというものなのだ」と渥美先生はおっしゃいました。

そう教えられたのですが、7店の100倍といったら700店になってしまいます。「いくらなんでもそれは無理だ」と思いました。でも私が長期計画を突き返されているうちにも、一緒に受講した他の人たちは、みなさん先生の了解をもらって帰っていきます。それでしかたなく「100店舗、1000億円」としたら、ようやく先生がOKしてくれました。そして「会社の中の、誰でも見られる場所に貼っておくように」と言って、先生の署名入りの長期計画の目標を渡されました。

そこには「いついつまでにこれをやります」という期限も入っていて、ニトリの場合は以前に掲げていた30年計画の期限と同じく、2003年2月期決算となっています。それまで社内では「2003年2月に30店舗」という目標をずっと言っていたのですが、渥美先生の指導を受けたことで、期限は同じまま、目標が3倍以上も多い100店舗にアップしたのでした。

100店舗というこの目標は、1979年に立てたものなので、正確に言えば24年計画になります。でも24年というのも切りが悪いので、6年前にスタートしたことにして、1973年からの30年計画ということにしました。今思うと、正直に24年計画と言っておけばよかったという気がしています。

最初に渥美先生に「100倍発想」の話を聞いたときは、びっくりしましたね。「絶対無理。99%無理」と思いました。「2003年に100店舗」という目標も、そうでも書かないといつまでも帰してもらえないので書いただけで、正直とてもできるとは思えませんでした。

なぜ30店舗ではダメで、100店舗なのか。それは渥美先生が、「企業の社会貢献のバロメーターは、客数と店舗数」と考えておられたからです。当時からアメリカには、500店、1000店、2000店という巨大チェーン店がありました。「チェーン化することによって社会に貢献していると言えるためには、1桁2桁ではダメで、せめて3桁は必要だ」というのが、先生の考えだったのです。

それに80とか90とかでなく、「100店舗、1000億円」という切りのいい数字であれば、私も社員もすぐ覚えられて、みんなで言えます。

100店舗も出すためには、相当に事業を強化しないとなりません。先生の考えでは、「チェーン店という以上、商品の品揃《ぞろ》えも100店すべてで同じでなければならず、店舗のレイアウトも同じでなければならない」ということでした。しかし実際に経営をやっている側から言わせてもらえば、そんなもの作れるわけがありません。

この「100店舗、1000億円」という目標を掲げたとき、同時に「1店舗あたりの敷地面積を1000坪まで上げる」という目標も作りました。

ペガサスクラブに入会した当時、ニトリの7店舗の平均の敷地面積は450坪でした。1店舗あたりの売上高は6億円台です。しかし「100店舗、1000億円」という目標を達成するためには、1店あたりの売上を10億円台に増やさなくてはなりません。「1000坪ぐらいあれば、10億円売れるだろう」というのが、「1店舗の敷地面積1000坪」という目標を作った理由です。

それにペガサスクラブでは、業種にかかわらず「店舗の坪あたりの売上を95万円以上にする」とも言われていたので、これも目標に入れて、「坪あたりの売上を100万円にする」という目標も立てました。実はこれが一番難しくて、今も達成できていません。現在でも坪あたりの売上は93万円ぐらいです。家具の場合は商品が場所を取るので、坪あたりの売上では不利なのです。店が小さいほうが、坪あたりの売上は上がりやすくなります。ただそれも、ホームファッション製品の割合が増えてきたことで、だんだんと目標に近づいてきています。

加えて「日本で1番の家具チェーンになる」という目標も掲げ、社員の待遇の面でも、「給料を1000万円にする」と宣言しました。もちろん全員というわけにはいきませんが、50過ぎになったら、1000万円ぐらいの給料を取れるような会社にする。それと持ち株会を作って社員に会社の株を持ってもらい、60歳で定年を迎えたときには、「1人が1億円分の株を持つようにする」という目標も作りました。これらの目標は、社員のモチベーションを上げていくためです。ただこちらについては紙に書くことはしませんでした。書いたりすると確約したことになってしまい、後々大変だからです。

**こうして、「100店舗、売上高1000億円、1店舗の敷地面積1000坪、坪あたりの売上100万円、1店舗の売上高10億円、社員の給料1000万円、社員の持ち株1億円」と、**

**1という数字ばかり7つも並べた目標を作りました。**

この計画の発表と同時に、日本初の「ホームファニシング宣言」もしました。その頃80～90%あった家具の売上比率を、50%以下にするというものです。また北海道だけのローカルチェーンから、全国区のナショナルチェーンへ飛躍し、東京証券取引所一部へ上場すること、なども目標としました。このうち渥美先生から言われたのは店舗数と売上高だけで、あとは私が考えたものです。それをすべて、2003年までに達成しようというのです。

# 寝ても覚めても口に出して言い続ける

ビジョンは私が1人で思っていても達成はできません。社長1人ではなく社員全員、少なくとも役員など幹部がその気になってくれないと、無理です。

どうしたら、みんなにその気になってもらえるのか。

私は「みんなにも渥美先生の話を聞いてもらおう」と思い、当時まだ会社も小さくお金もなかったのですが、3ヶ月に1度は会社の幹部を連れて札幌から東京に出て、渥美先生のセミナーに出席しました。最初の頃、一緒に連れていけたのは3人だけでした。そのうち少し会社が大きくなったら、5人に増え、やがて10人ぐらい一緒に連れていくようになりました。

渥美先生に話してもらうだけでなく私自身も、会社の中でも外でも、事あるごとにロマンとビジョンについて話し続けました。

たとえば年1回の経営方針発表会、店長以上を集めた四半期ごとの決算の発表や、月に1度の店長会議でも、それが終わった後の飲み会でも、とにかくありとあらゆる機会を通じて、ロマンとビジョンについて伝え続けました。そうやって繰り返し聞かされるうちに、みんななんとなく「そういうものかな」という気になってくるだろうと思ったのです。

口に出して言うことは、実は私自身にとっても大事なことでした。言い続けているうちに、言っているほうもだんだんその気になってくるからです。

**私も最初は「先生に言われて『1000店　1000億円』なんて書いたけど、そんなのできそうもないなあ」と思っていたわけです。でも寝ても覚めても「1000億いくんだ、いくんだ」と言っているうちに、だんだん自分もその気になってきたんです。誰かに話すということは、自分に対する暗示でもあるんですね。**

「人のため、世のため」「人々の住まいを豊かにする」といったロマンも、学校の同級生などに話すと、「そんな話をして、恥ずかしくないのか」とからかわれたりして、最初は自分でも恥ずかしかったのです。初めのうちは学校での講演のような、公の場では話せませんでした。

でもいつもいつも同じ話をしているうちに、だんだんそれが自分にとって当たり前のことになって、恥ずかしさも薄れ、どこに行っても話せるようになってきました。

織田信長の時代、ヨーロッパから宣教師たちが日本に来て、キリスト教を布教しました。有名なフランシスコ・ザビエルなどです。地球の反対側から来た外国人の宣教師が、言葉も違えば文化も違う国で多くの信者を獲得したのです。考えてみるとこれも、常識ではありえないような偉業です。たぶんザビエルは最初はたった1人で、ミカン箱か何かの上に立って、日本の人々を相手に神様の話を繰り返し語り続けたはずです。そうするうちに信者が1人、2人と増えていき、今度はその信者たちが同じようにして布教を始め、徐々に信者を増やしていったのです。

人の意識を変えていくためには、繰り返し話し続けることが必要です。ロマンとビジョンを伝えることも、それと同じです。私がやったのは、チェーンストア理論の布教活動でした。

自分の口から話すだけでなく、役員や社員たちにも、ビジョンについて話してもらうことにしました。経営方針発表会、決算報告、店長会議などの場で、店舗や物流の責任者たちそれぞれに、「当社のロマンとビジョンを達成するためにどうするべきか」「そのために今年はどうするのか」という考えを発表してもらうわけです。自分の口から何度も話していると、私と同じでみんなにも「自分で口にした以上は、実行しなければ」という意識が自然に生まれくるだろうと思ったのです。

## 夢を共有して取り組んだ人だけが残った

ただ、**私が懸命になって「ロマンとビジョンが大事なんだ」と言い続けても、最初の頃は社員たちの反応は、鈍かったですね。いくら私が言っても、なかなか考えが伝わらないで、私1人で空回りしているようでした。**「30年で100店」というビジョンを掲げてから、3年ぐらいはそんな感じでギクシャクしていました。なんとかビジョンを実現しようと拡大路線を続けたおかげで、私も社員も忙しくなって、音を上げてやめてしまう人が絶えませんでした。

ニトリで大卒の定期採用活動を始めたのは、1975年入社組、私が30歳のときからです。ペガサスクラブに入会する3年前です。

最初の頃は10人に声をかけても、1人来るか来ないか。年間10名くらいしか採用できませんでした。他に行くところがない人しか来てくれません。しかも、やっと来てくれたと思っても、7～8割は数年で退職してしまうのです。「もう少し辛抱してくれれば」と思ったのですが、私もその頃はまだ若くて未熟で、やめていく人を説得する言葉を持っていませんでした。

今は「どんなボロ会社だって、10年はいないとわからないよ。10年いれば、何かしら身についているものだよ」というように、いろいろな言い方もできるようになりましたが、その頃は「石の上にも3年、風雪5年だよ」ぐらいしか言えませんでした。プロ野球の野村克也さんの言葉です。でもそう言ってみても、3年経って変わりがなければやめてしまうわけです。そもそも3年も続かずにボロボロやめてしまいました。

渥美先生の考えを社内に浸透させようと、社員を集めてチェーンストア理論の勉強会をやったりもしました。渥美先生の本をみんなで読んで、ちゃんと覚えたかテストもしました。ただ先生の本を学べば学ぶほど、そこに書いてあることと、その頃、会社で実際にやっていたことが違うことに気づくのです。

たとえば「短い期間で売上を集計して、数字で管理しろ」と書いてあるのに、全然やっていなかったり、「作業手順をマニュアル化して、誰でも同じようにできるように標準化しろ」と書いてあるのに、何もなかったり。

それで、「どうして教えの通りにやらないんですか」と言ってやめていった人もいます。

「今はできてないけど、何年かしたら教えられた通りにやるから」と言い訳したら、「何年ぐらいでできるようになりますか」と突っ込まれて、「2年ぐらいで」と答えたことがあります。その人はそれから2年して、「社長は2年で実現すると言ってたけども、2年経っても進歩がないので、やめます」と言ってやめていきました。

2年なんて言わずに、「そんなにすぐにはいかないよ。5年とか10年はかかるよ」と言っておけばよかったかもしれません。でもそうしたらそうしたで、「そんなに長いこと待ちきれません」と言ってやめてしまったかもしれませんね。

**なかなかロマンとビジョンが共有できなかったのは、私本人がちゃんと理解できていなかったせいもありました。**昔から私は、人の話を聞いてもちゃんと理解できないんです。

渥美先生に「ビジョンってなんですか」と聞いたら、「ビジョンというのは、夢のようなものなんだ」と言われました。「夢っていうのは幻と同じで、はっきりとは見えないんだ」というのです。

「富士山に登ろうとしても、最初はその山頂は霧がかかっていて形が見えないかもしれない。けれども近づいてくると、岩から何から、だんだん輪郭がはっきりしてくる。それを登っていくんだ。ビジョンに到着したときには山頂にいるんだ」

そう聞いて、私も社員に同じように言ったんですが、それで納得する人は少なかったですね。具体的じゃないから。それで「言っているうちに、だんだんわかってくるんだよ」と言ってみたりしてね。それでもまだ納得しないで、追及してくる人もいたけども、私は渥美先生から聞いた言葉しか答えられません。

ビジョンの発表と同時に、「ホームファニシング宣言」をしたわけですが、これも渥美先生の受け売りだったので、「ホームファニシングってなんですか？」と社員に聞かれても、はっきり答えられないわけです。

「カーテンやカーペットで壁や窓、床をカバーリングするのを、ホームファッションというんだ。ホームファッションとファニチャーを足したら、ホームファニシングになる。服のボディファッションと同じで、家の中をコーディネートして美しくしていくんだ」などと言うのですが、自分でもよくわかっていませんでしたね。

社員から見ていたら不安だったでしょう。私は頭が切れるという感じではなかったですから。高校は裏口入学だし、人と話をしていても相手の言っていることがわからなかったり。鈍感、鈍重で、「こういう人に自分の人生を預けて大丈夫なのか」と思った人が大半だったんですね。

「もっと口がうまければなあ」と思いました。

**それでもあきらめずに言い続けているうちに少しずつ、ロマンとビジョンを私と共有していこう、という社員たちが出てきました。**

１９７８年、34歳のとき、オイルショックで大企業の採用数が減り、都会に出てきた学生が故郷に帰って就職するという、Ｕターン現象が話題になりました。

私は「チャンスだ」と思い、東京に出て、学生を物色して口説き回りました。

ニトリは東京ではまったく無名だったので、口説いてもまるで相手にしてくれません。そこで考えて、カツ丼や牛丼を1人に2杯、タダで食べさせて、食べている間に口説きました。大抵の人は、食べるだけ食べたら「はい、さようなら」になってしまうのですが、中には私の話に共感して、入社を決意してくれる人もいました。

現在ニトリの社長となっている白井俊之さんも、このとき入社してくれた人の1人です。

この当時は「大学まで行かせて、家具屋に入るなんて」という時代でした。ホームファニシングなどと言っても、わかってもらえません。本人を説得しても親が反対するので、今度は親を説得しなければなりませんでした。

白井さんのときも、本人を口説いて、ようやく入ってくれることになったと思ったら、今度は親御さんに反対され、ご両親を説得しにお宅に伺うことになりました。でもいきなり門前払いされそうになったので、ドアに足を挟んで閉められないようにして中に入り、「どうしても息子さんが欲しいんです」と土下座してお願いしました。押し売りセールスみたいなものです。最後は親御さんも根負けして、「好きにしろ」と言ってくれました。そうやって入った人が今、ニトリの社長です。

1979年入社の4期生は36名採用できました。社員が全部で60名ほどのときでしたから、新人が入って社員数が5割増になった勘定です。おかげで人件費がかさみ、利益が減ってしまって大変でした。翌年にはまた10名台に戻りました。

この4期生は今ちょうど定年の年齢になって、10名弱に減っていますが、長年ニトリの成長を牽引《けんいん》してくれた世代です。

**今の社長の白井さんや役員で残っている人たちは、「ロマンとビジョン」と言いながらあやふやな私に対して、「やめる」とは言わずについてきてくれた人たちです。**納得できなかった人たちは、やめていきました。「はっきりしないのは嫌だ」という人、辛抱できない人はやめていったんです。「ロマンとビジョンといっても、上の人たちは何もしようとしない」と言ってやめた人もいました。

新しく入ってきた社員からしたら、社長がロマンとビジョンを明示しているのだから、幹部や役員がそのために何をすればいいのか考えて、指示を出してくれるのかと思っていたでしょう。でも誰も、何をしたらいいのかわからなかったんですね。

そのとき白井さんたちは、「つまり自分たちでやらなければいけないってことだな」と思ってくれたんです。「社長が言っている通りになっていないからやめる」「誰も指示を出してくれないのでやめる」という人が多かった一方で、白井さんたちは「これは大変なことになった」と思いながらも、「縁があってこの会社に入ったんだ。自分たちの手でチェーンストア化をやってみよう」と思ってくれた。結局、私と夢を共有して取り組もうと思った人は残って、私を信用できなかった人はやめていったんだと思います。

そういう意味では、残ったのは素直な人だったんでしょうね。若くて頼りない社長の言うことを、素直に信じてくれたんです。信じられなくて疑心暗鬼になった人は、やめてしまった。

今は入社から店長になるまで7～8年かかりますが、白井さんが入社した頃には、人がいないのにどんどん新店を出していたので、入社2年目、3年目でもう店長をやったりしていました。1日の労働時間は12～13時間にもなり、本部はいつも10時、12時まで明かりがついていたし、月に4日しかない休みの日にも半分は研修を入れて、月の休みは2日しかない。私のほうにも「長く働いて、休みは少なく働いている人が優秀」というイメージがあって、それが嫌だと言ってやめた人もいました。もう少し早くみんなの不満に気がつけばよかったんですが、労働時間を減らすにも、お金がなくてままなりません。福利厚生なども何もなくて、本当にロマンとビジョンを取ったら、他に何もない会社だったんです。

その中で白井さんたちは「オレたちがやらなけりゃ」と踏ん張ってくれたわけです。本人に聞くと、「それほど苦労したとは思ってません」と言うのですが、本当は「やめよう」と思ったことが何度もあったんじゃないかと思います。

**みんなのがんばりのおかげで、30年計画の「100店舗　売上高1000億円」の目標はその後、1年遅れで達成できました。本州に進出してナショナルチェーンにもなったし、東証一**

**部への上場も2002年にできました。**販売に占める家具の割合は、今では40％以下になっています。ニトリは日本初のホームファニシング企業になったのです。

大卒の定期採用も、2016年で41期になります。労働組合ができてからはかつての過重労働、低賃金という状況も変わってきて、社員の定着率も上がってきました。

今では1995年までに入社してきた、生え抜きの20年選手だけで150名以上います。毎年の新卒採用は400名を超え、社員の数も4500名ほどになっています。

それでも私は、誰にも相手にされなかったときの気持ちを忘れずに、毎年の入社式では必ず、「入社していただきまして、本当にありがとうございました」と挨拶《あいさつ》しています。

# ニトリが実践する経営スタイルの原点

私はペガサスクラブに加入した後、いったんクラブを離れています。離れたのは、先生が怖くなってしまったからです。

1980年に先生が北海道に来られたとき、「ぜひうちの店を見てください」とお願いして、できて2年目の厚別店にご案内したのです。

ところが私が車を運転して空港から店まで先生を案内するとき、先生はとなりに座ったニトリの常務を社長の私と勘違いして、自分が質問した経営の数字を彼がきちんと答えられないのに、怒り出してしまったのです。あわてて「社長は私です」と申し上げたら、「なぜ社長なのに私のとなりにいない！」とさらに怒ってしまい、店についてのきびしい指摘が次から次へと出てきました。店内は静まり返り、私はどなられ続けて頭が真っ白になってしまい、先生は「君は経営者として最低だ。教える価値がない。今日は時間の無駄だった」と吐き捨てて、憤然と帰ってしまわれました。

自分の親も怖かったけれども、あのときの先生はそれ以上に恐ろしかったですね。どなられ、罵倒され、バカにされて、少しだけあったプライドも心底傷つけられて、私は「もう先生の顔も見たくないし声も聞きたくない」と思って、ペガサスクラブから逃げ出したのです。

それから何社かのコンサルタントを渡り歩きました。でも渥美先生以外の人のアドバイスは、どうもしっくりいきませんでした。

みなさん、渥美先生と違って口当たりがよくて、優しいんですね。渥美先生は「コンサルタントは褒めてはいけない。問題点を指摘し続けることが仕事なんだ」と言っておられ、何をしても全然褒めてくれませんでした。他のコンサルタントはけっこう褒めてくれるのです。でも経営について私が抱いた問題点や疑問点について、明快な回答が返ってこないんです。

１つの原因は、どのコンサルタントも個人商店からデパート、多店舗展開の企業まで、さまざまな業種の企業を見ていて、その全部に共通するような一般的な話をしていたことでした。渥美先生の場合、チェーンストアに特化していて、「まず10店舗、次に20店舗、それから50店舗、１００店舗、そしてもっとだ」という話で、明快なんです。

結局２年ほどして、また渥美先生のもとに戻りました。

「どなられても、バカにされてもいいから、これからは素直に渥美先生の教えを受け入れよう」と思いました。いよいよ全面的な先生の信奉者になったのです。

その後、他のコンサルタントに満足できなかったことを先生にお話しして、「先生とどう違うんでしょうか」と尋ねたことがあります。先生は「他の連中は『志』がないんだ」と言っておられました。

売上や利益を第一に考えるコンサルタントが多いのだけれども、そういう人たちの言う通りにやっていると、一時はうまくいっても、やがては衰退してしまう。**「チェーンストア理論には、国民大衆の暮らしを豊かにするという、ロマンがあるんだ。ロマンがあれば、売上、利益は後からついてくるんだ」**というのです。

きっと先生のそうした姿勢が、気づかないうちに私の心に響いていたのでしょう。

考えてみると、渥美先生に巡りあうまでの私も、ひたすら売上と利益を追求していました。

ところがそれをやっていると、「粗利をもう少し取ろう」「品質は『安かろう、悪かろう』でもしかたない」というように、お客様が求めているのとは逆の方向に行くことになります。実際、ほとんどの企業はそうなのです。つい自分本位の考え方をして、姑息なことをやってしまう。

流通業の中でもうまくいっていないところは、お客様との間にギャップがあります。みな、自分たちの過去の経験や自分たちの立場から発想したことを提案するばかりで、お客様の立場から考え、人々の暮らしを豊かにすることを真剣にやっていません。

私もそうでした。それが渥美先生に出会ったことで、「日本人の住まいを豊かにすること。それが自分のロマンだ」と自覚することができました。それによって経営の方向も、全然違っていったのです。

**20年先のビジョンを掲げ、それを達成するために、10年先の目標を決め、5年先の目標、2年先の目標、1年後の目標を立てていき、さらに半年、3ヶ月、1週間という節目《ふしめ》ごとに目標を落とし込んでいくという、ニトリが実践している経営スタイルも、すべて渥美先生の教えの中にあったことです。**先生からは「1年を52週間に分けて、週単位で決算してレポートを出し、それを1年間ためて、次の半年間で改革して、数字を残す。そういう仕組みであるべきだ」と教えられました。

渥美先生の教えを信じてやり続けなければ、ニトリは決して今のような規模にはなっていなかったでしょう。

## 「ウサギよりカメになれ。小才より鈍重たれ」

**あるとき渥美先生から突然、「似鳥さんのよさは、素直さとフレキシビリティだ」と言われたことがあります。**

先生からは、最初は「似鳥！」と呼び捨てにされていたんですが、そのうちに「似鳥くん」に昇格して、最後のほうは「似鳥さん」になっていたんです。一応、認めてくれたんですね。

「似鳥さんにはフレキシビリティがある」と言われて、意味がわからなかったので、「先生、私、英語が弱いんですけど、どういう意味ですか」とお尋ねしたら、「『柔軟』ということだよ」と言われました。そう言われても、まだよくわからないでいたら、先生が説明してくれました。

過去に「こうやってうまくいった」という成功事例があったとします。「しかし、それよりもっといいやり方がある」となったときに、すぐに新しいやり方に切り替えるというのは、なかなかできないことなんですね。100店舗なら100店舗あって、新しいやり方に切り替えるとしたら、その全部を改造しなければならず、これは莫大《ばくだい》な費用がかかります。普通はそこで「大変だから、まあ今のままでいいか」となるんです。

ところが私は、「お金のことはいいから、すぐ変えよう」と言い出すのです。そうやって変えて、次にまたもっといいものをアメリカなりどこなりで見たら、またすぐに「変えよう」と言って切り替えてしまう。まあ、部下は大変ですよね。時間とお金も、ものすごくかかります。より新しくていいものを見たら、過去の成功には囚《とら》われず、お金のことも考えずに今のやり方をスパッと切り捨ててしまう。「それがフレキシビリティだ」と先生はおっしゃるんです。

もう1つ大事なのが、「素直さ」です。

先生はよく「いいところだけ取ってこようとしてもダメだ。やるなら、まるごと全部採り入れないとうまくいかない」と言っておられました。

アメリカのチェーンストアを見て、その中でよさそうなところだけ真似《まね》しようとしても、ダメ。やるなら100%、システム全部を採り入れなければいけない。同じように、先生の教えの1、2、3を抜かして、4、5だけやってもダメ。1から順にやっていかなければうまくいかない、というのです。

ペガサスクラブの会員の中でも大成功した人たちを見ると、ダイエー創業者の中内切さんは大学も出ていなかったし、イトーヨーカ堂の伊藤雅俊さんもそうでした。私は大学は行ったけれども、落ちこぼれです。みんなに共通して何がよかったのかと考えると、やはり「素直だったこと」ではないかと思います。

渥美先生がすごかったのは、アメリカの成功した小売チェーンの事例を研究して、論理的・体系的にそのやり方を説明していったことです。私たちはそれを素直に学び、いいとこ取りをしようとしたりせずに、まるごと全部実行していった。それによって大きく成功することができたのです。その意味では、成功するには、「素直であること」が大事です。

年2回のペガサスクラブの政策セミナーは、年間売上高50億円以上の大手企業ばかりのA組と、中小企業のB組に分けられていました。私はもちろんB組で、その中でも最低の劣等生でした。でも私は、もともと学校のクラスでも、60人いたら59番とか60番目の生徒でしたから、そういうのには慣れています。「それでもいいや」と思っていました。

そう思えたのは、渥美先生から勇気の出る言葉をもらっていたからです。

**先生はよく「ウサギよりカメになれ。小才より鈍重たれ」と言っていました。**

ペガサスクラブで一緒に学んだ経営者の中には、ニトリよりずっと早く「100店達成」を祝ってパーティーをした人もいました。それでも先生は、「似鳥さん、鈍重でもいいから、一歩一歩前に進むことなんだよ。そのうち小才が利いた自信過剰のウサギが休んで、チョロチョロ遊び出すから、一歩一歩追いつきなさい。止まってはダメだ。休んではいけない。頭が鈍いとか、計算が弱いとか、しかたない。だけど努力すれば、一歩ずつ前に行けるんだ」と言ってくれたのです。

部下を見ていても、先生の言葉は納得がいくものでした。小才のある人は、学校でも勉強ができたり、勘がよかったりして、何かと自分に自信を持っています。出だしがいいんです。その反面、自信過剰でウサギみたいに休んでしまったりするし、経験を重視せずに、下積みを飛ばして、頭で考えるだけでうまくいくはずだと思ってしまう。会社でも、現場経験のない若い人がよく「企画の仕事をやりたい」と言うのですが、やらせてもまず、うまくいきません。

私はカメなんです。先生の前に何人か若手経営者が集められても、一番鈍いんです。何か質問されても、答えられたためしがありません。先生からは「『なぜ、なぜ』と聞かれて、7回まで答えられないとダメだ」と言われていたんですが、先生と対面で「この数字はなぜこうなっているんだ」と聞かれても、1回も答えられないんです。先生はそれを見てあきれて、「この似鳥っていうのは、どうしようもない奴《やつ》だ。普通は1回ぐらいは答えられるものなのに、これでも経営者か。自分の会社の中身を全然知らないじゃないか」と思っていたそうです。

**鈍いし、理解できないし、人の話も聞いていない。それでもここまで事業で成功できたのは、**

**先生の教え、ロマンとビジョンのおかげだと思っています。**

# ビジョンから逆算し、今何をすべきか

1972年、私がアメリカに行った当時、日本では50万円、100万円という高価な婚礼家具が、売上の3分の1を占めていました。店によっては半分が婚礼家具ということもありました。そのほとんどがタンスなどの収納家具です。

ところが今では、婚礼家具の需要はほとんどありません。市場が消えてしまったのです。そうなることは私には、アメリカを見てきたので予想ができました。アメリカの家にはクローゼットがあって、収納家具は必要なかったからです。

私は当時から「他の人は『日本は和の文化の国だから、アメリカとは事情が違う』というけれど、日本もいずれアメリカに近づいて、『和』な収納家具など使われなくなっていくだろう」と思っていました。**しかし、いくら「いずれはそうなる」と言っても、今すぐに品揃えを変えても、お客様に相手にされず、売上が立ちません。方向はよくても、方法、手順が難しいのです。**日本に帰ってきた私が、「家具がたくさんあるのは貧しい証拠。家具がないのが豊かなんだ」などと言うと、みなきょとんとして、「うち、家具屋じゃないの?」という反応でした。

アメリカにしても、最初から今のような市場の形だったわけではありません。日本より50年先に進んでいるアメリカの市場が、いつの時代にどのように変化していったのか。それをしっかり見ていれば、日本でも市場の動きから遅れずについていけるはずです。

私はいずれ日本の家具市場もアメリカと同じようになっていくことを前提に、ビジネスをやりながら、少しずつ品揃えを変えていきました。当時からシアーズなど大手では、家具だけでなく、カーテンやカーペットなど、家の内装の関連商品も扱っていました。私はそれをヒントに、ニトリでもカーペットやカーテンを扱うことにしたのです。

ただし一遍にやろうとしても、うまくいきません。人もいないし、売場もかぎられているからです。

最初に手がけたのはカーペットでした。カーペットの次にはカーテンを店に置きました。カーテンもカーペットも、どちらも最初は赤字でしたが、3~4年続けていくと黒字になりました。黒字化すると、また新しいジャンルの商品を扱います。そうやって3~5年ごとに2、3%ずつ新しい商品を追加し、扱う商品の幅を広げていったのです。

「扱う商品を全部変える」と口で言うのは簡単ですが、実際は大変な作業で、時間もかかればお金もかかります。だからみんなやりたがらないで、楽をして「いいとこ取り」しようと思うのです。そうなるのは、遠い先を見据えたビジョンがないからです。

**数十年先のビジョンがしっかり頭に入っていて、「いずれ必ずこうなる」と確信していれば、いくら大変でもそのビジョンに合わせて動こうとします。そうしなければ、自分が世の中から相手にされなくなってしまうわけですから。**

最初のアメリカ視察旅行から四十数年が経って、あのとき一緒に出かけた中で、今も会社が残っているのはニトリと、神奈川の大正堂ぐらいになってしまいました。他はどこも合併や吸収で再編されるか、倒産するかして、会社としては消えてしまったのです。

それは「20年後、30年後に日本はどうなっているのか。そのとき自分たちはどうなっていたいのか」というビジョンがなかったからです。そのビジョンから逆算して、今何をすべきかというワークデザインを作ることができなかったのです。

家具業界の人たちは、どこの会社でも何回もアメリカに行っていたと思います。でもどこもニトリのようには伸びませんでした。それは発想が違っていたからです。未来のあるべき姿を考え、その姿になるために何をしなければならないか、そのためにどれだけのお金や時間が必要かを考える。そういう、ビジョンから逆算していく発想がなかったのです。そして何より、「日本をよくしていこう。人々の住まいを欧米のように豊かにしていこう」というロマン、志がなかったからです。一番の違いはこの志だと思います。その結果、40年経ったらこんなに差がついてしまいました。

**「ビジョンから現在取るべき行動を決めていく」というやり方は、日常のさまざまな場面で応用が利きます。みなさんが成功したかったら、それを自分自身の習慣にしてしまうことです。**

たとえば中国の広州交易会などの巨大な商品展示会場を歩き回り、そこで売れそうな品物を探します。展示会では、1つの出展者のブースの幅は2間しかなく、全部で何千という数の店があります。期間は5日間ありますが、早足で歩かないと、期間中に全部は見切れません。そういうとき私は大抵、社員たちの後ろから歩き始めるのですが、気がつくといつの間にか自分が一番先を歩いています。

それは社員たちが時間の計算をしていないからです。1つのブースに気になる商品があって、そこで時間を使ってしまい、「結局、全体の3分の1しか見られなかった」という人もいます。私は「全部を一通り見なければ」と考えているので、そのためにどれぐらいのペースで歩かなければならないかを考え、そのペースで歩いています。

まず達成すべき目標を考え、そのために与えられた時間を考えて、そこから今、自分が何をすべきかを考える。そういう思考の手順ができていると、展示会でどれくらいの速さで歩かなければならないのか、自然に決まってくるのです。

# 未来から現在を、全体から部分を決めていく

「成功の5原則」の他にも、私は渥美先生からいろいろな原則を教わりました。

**よく口にする「方向」「方法」「手順」という、物事の進め方の順序、それに「根本的」「全体的」「多面的」という物の見方も先生の教えです。**「リーダーや社長はこれらを実践しなければならない」と、渥美先生は指導されていたのです。

**未来から現在を、全体から部分を決めていくのがニトリ流です。**

たとえば物事の進め方で大切なのは、まず方向、それから方法です。方向が間違っていたら、まずそれを変えなくてはいけません。方向が正しいのにうまくいかなかったら、次は方法を変えてみます。方法も正しいのなら、手順を変えてみます。組織のリーダーには「まず根本となるところをしっかりと定める」ことが求められます。

**物事の根本というものは、なかなか見えないものです。表面的なものは、表に表れているので、誰でも見えます。それを変えるのが「改善」です。でもそこを変えても、問題の解決にはならないのです。問題を解決するためには、表面ではなく物事の根本を見て、そこを変えなく**

**てはいけません。それが「改革」です。**

全体を見るというのも、簡単そうに見えて実は難しいことです。何かを始めるときは、まず全体を見て、自分がどうしたいかを考えなくてはいけません。ところが多くの人は全体を見る前に目の前の細部に囚われてしまうのです。

よく「木を見て森を見ず」と言います。目の前に大きな木があるとき、世の中の9割の人は、その全体の姿ではなく枝や葉を見ています。残り1割の人も、木は目に入っているけれども、その周りの森までは見えていない人がほとんどです。

森を見て、「こんなふうな森にしたい」と考え、1本1本、木を植えていく人は、かなりレベルが高いと言えます。でも世の中にはさらに、森ではなくて山の姿を見て、「富士山みたいにしたいな。それにはどこに森を置けばいいだろう」と考える人もいます。

木ではなく森を作ろうとする人は10人に1人。山を作ろうとする人は、100人に1人です。でもそういう考え方ができなければ、成功することはできません。見ていると成功できない人は、枝とか葉っぱばかり見ているものです。

**全体を見渡して「どの方向に向かうか」という結論をまず出し、結論を頭に入れた上で、そこからその方向にどうやって向かうかという方法を考え、そのための手順を考えていく。まず全体、それから部分。この順番が大切なのです。**

物事を多面的に見ることも大切です。

人は多くの場合、自分が立っている場所からしか、物を見ていません。相手の立場に立ってみたり、第三者の立場に立って見ることは、そう意識しなければできません。同じ場所、同じ高さから見ているかぎり、見えるのは一面的な、平面の姿だけです。

実際には世の中のものは平面ではなく、みな立体です。1つの茶碗《ちゃわん》を見るのでも、正面から見るのと、上から見るのと、下から見るのとでは、違う姿が見えてきます。一面の姿しかわからないまま、物事に対処しようとすると、途中で思いもよらない実態がわかってきて、手も足も出なくなります。

**物事はなんでも、あちこちから多面的に捉え、立体としての正確な形を捉えた上で、どう処理したらいいのかを考えなければいけません。**

## リーマンショックも予測できた原理原則

長期計画を立てている会社はたくさんありますが、絵に描いた餅に終わってしまっていることがほとんどです。それはトップが事業環境の変化を見通せていないからです。

たとえば２００８年にはリーマンショックが起き、多くの企業が赤字に陥ったり、売上高の大幅減に見まわれました。しかしニトリでは２００８年も、リーマンショックの影響が強く出た２００９年も、連続増収増益を続けていました。

それには理由があります。私は実は、近いうちにリーマンショックのような出来事が起きることを、あらかじめ予想していたのです。

ニトリでは毎年、数百名の社員をアメリカに研修に行かせており、私もその研修に同行しています。今は会社の規模が大きくなって、年間９００名ほどになっています。

行くとあちこちの住宅を見て回ります。ところが２０００年代に入ってアメリカでは住宅価格がどんどん上がっていき、数年で3倍にもなりました。

**私は「バブルで価格が跳ね上がるときには、もとの値段の3倍が限度」と考えています。そこまで行くとバブルは破裂する。これは古今東西で共通の、人類全体の原理原則です。**日本でも１９９０年に株バブルが、１９９２年に地価バブルが弾《はじ》けました。上がれば下がる、下がれば上がる。歴史はその繰り返しです。

これを計数化すれば、未来は予測できます。私は２００８年の年初の時点で、「アメリカの住宅バブルは早晩、崩壊し、世界経済は大変なことになる」と判断したので、外債を全部売って、手元資金を厚くし、不景気に備えました。

そして2008年の9月にリーマンショックが起きました。「それっ」ということで、そこから3ヶ月ごとに8回、商品の値下げを行いました。もともと不景気になったら値下げ攻勢をかけるつもりで、そのための原資を用意していたのです。おかげで小売業全体の売上が落ちる中で、ニトリは逆に売上を増やすことができました。

2012年から急激な円安が始まりました。リーマンショック後、一時は1ドル＝80円を切って、77～78円となる円高のときがありましたけれども、2012年からその流れが逆転し、2013年には1ドル＝105円まで円安に振れています。

これは海外で製品を生産して国内に輸入しているニトリにとっては、大変な逆風です。ニトリでは1円の円安で当時、14億円の損害となっていました。このときも私は円安を予想して、あらかじめ為替予約を行うことで、損害を少しでも抑えようと考えました。

2013年、年平均で1ドル＝105円のとき、1ドル＝92円で予約しました。13円の差です。予約していなければ、その年だけで156億円の損失だったのです。2014年には1ドル＝122円のとき、99円で予約していました。その差は23円で、322億円の損を防いだことになります。2015年は102円で予約し、360億円の損害を未然に防いでいます。

事業環境の変化を予測し、正しい計画を立てられるかどうかが、会社の運命を決めます。未来を見通すのが社長の仕事です。先の先を見ている者が勝つのです。

## 「いつまでにこうなりたい」が持つ力

ロマンとは、めざす方向であり、いつまでも変わらないものです。

一方、ビジョンは、10年、20年のうちに変わっていくものです。状況により、日々の経験の積み重ね、春夏秋冬の移り変わりによって変わっていくのです。

ロマンとビジョンが大切なことは、会社だけでなく、国や個人も同じです。

サラリーマンだった頃の私はロマンもビジョンも意欲もなくて、「給料をもらって食べていければいいい」としか思っていませんでした。「今のままなんとかやっていければいい。言われたことをやっていればいい」と思っていたのです。結局、クビになりました。

それは「いつまでにこうなりたい」という目標が何もなかったからです。せめて「東京本社の下の札幌支社で、営業のマネジャーになる」ぐらいのことを目標にしていれば、少しは違っていたかもしれません。

10年先の目標を持つのが難しいようなら、せめて1年間の目標は持つべきです。**「1年後にこうなっていたい」という目標を立てたら、それを四半期、13週に分けて達成すべき小目標に置き換えて、1つずつクリアしていくのです。**

国もビジョンを持つべきです。でも私は日本の政治家から、20年以上先の日本についてのビジョンを聞いたことがありません。たとえば日本政府の1000兆円の借金をどう減らすのか。いつまでにどうやって減らしていくのか。そのための明確なビジョンと行程を示され、そのために何を我慢しなければならないのかはっきりすれば、国民は我慢します。我慢できないのは、ビジョンがないからです。近視眼的なやり方では、日本はいつまで経ってもよくなりません。

本当は誰もが20年以上の計画を立て、そのビジョンを成し遂げるために、どうすればいいのか考える習慣を持つべきなのです。**常にビジョンから逆算して、目の前の目標を立て、「目標をクリアするために今をどう過ごすべきか」と考えるようになれば、無意味な時間を過ごすことはなくなります。**

ニトリでは今、「2022年に世界で1000店舗、売上高1兆円」「2032年には3000店舗、3兆円」というビジョンを掲げています。このビジョンの実現のため、2007年に台湾の高雄へ初の海外出店を行い、同国では現在、24店舗を展開しています。2013年にはチェーンストアの本場、アメリカのロサンゼルス郊外に出店、翌2014年には中国への出店も始めました。

これまでもリーマンショックや円安など、逆風にさらされるたびに、それを乗り越えてきました。社員たちも、逆境に耐えて成長してきました。「2032年には3000店舗、3兆円」

というビジョンは、必ず達成できると思います。

# 第3章

# 「意欲」は高い目標から生まれる

# 意欲には数字が入らなくてはならない

「意欲が大切」という話をすると、みんな「意欲ぐらい、オレにだってあるよ」と言います。でも普通の人の言う意欲は、ニトリでは意欲とは言わないのです。なぜなら普通の人はロマンもビジョンも持っていないので、意欲のレベルが低すぎるからです。

**意欲には、数字が入らなくてはなりません。**「今の2割増しを達成するぞ」という意欲と、「今の100倍を達成するぞ」という意欲では、意味がまるで違います。みなさんには、「今の100倍を達成しよう」という意欲がありますか？　みんな、数字を入れて考えないから、「オレにだってある」と思ってしまうのです。単に「意欲」というだけでは、抽象的すぎます。

私が30年計画で立てたビジョンは、最初は「30年で30店」でしたが、渥美先生に「足りない」と言われて「30年で100店」に増やしました。私は最初、「そんなのとても無理だ」と思いましたが、渥美先生を信じてがんばっているうちに、とうとう達成することができました。

**普通にやっていれば達成できそうな目標は、ビジョンとは言わないのです。「普通にやっていたら、できそうもない」と感じる目標がビジョンなのです。それを「なんとしても達成するぞ」と思うこと。それが意欲です。**

人のため、世のためになる数字は、大きいのです。だから１００倍発想になるわけです。「今の１００倍を達成する」という決意が意欲であって、「今の２割増し」は「ただの欲」です。会社の成長の速さは、もしビジョンがなければ、せいぜい「10年で２倍」ぐらいでしょう。**ニトリの場合、５年で２倍、10年で４倍といったペースで成長してきました。なぜ、そこまで早く成長できたのか。それは、そうしなければ達成できないビジョンを掲げ、そこに向かって進んできたからです。**

意欲はビジョンが大きく、また遠くにあることで高まります。

普通の人だと、ビジョンといっても３年先とか５年先の話をします。ほんの数年先しか見ずに、しかも今、自分が立っている位置をベースに計画を立てるので、たとえそれが実現したとしても、見える景色にはほとんど変化はありません。

たとえば札幌に店が２店しかなかったとき、その２倍というと４店で、まだたぶん札幌市内からも出ていないでしょう。そのイメージしかなければ、意欲もそれなりです。「10年で２倍」というビジョンでは、それに合わせた意欲しか持つことはできないわけです。

これが20年、30年先を見据えたビジョンで、しかも目標が今の10倍、１００倍という話になると、達成したときには今とは次元が違う景色が見えてくることになります。今は２店しかないとして、その１００倍といったら２００店。これは札幌どころか北海道全体でも達成できません。どうしても日本全国に店を出さなくてはなりません。

そこで日本全国に店を出しているところをイメージして、「よし、必ずそうなってやるぞ」とファイトを燃やすわけです。それが本当の意欲です。

渥美先生に、「どれくらいの規模になったら、日本人の暮らしに貢献したと言えますか」と伺ったことがあります。先生の答えは「日本全国に５００店」でした。「全国の50万人以上の都市すべてに店舗を置くと、５００店以上になる」と言うのです。今、国内で４００店まで来ています。あと少しです。でも５００店を達成したら、また次の大きなビジョンが待っています。「人のため、世のため」に終わりはないのです。

## ビジョンを実現するワークデザイン

**意欲を高めるためには、遠大なビジョンを持つと同時に、それを「今、がんばれば達成できる、身近な目標」に置き換える必要があります。**

私は毎朝1時間、30～40人のマネジャーと会議しています。週3回、月、火、水は各部門の責任者が1人10分ずつ、1日に5、6人がその週の数字について、観察・分析・判断をつけて発表します。こうしたやり方が可能なのは、ニトリで「ウィークリーマネジメント」と呼んでいる、週決算システムを採っているからです。毎週、月曜日には前の週の決算の数字が出てくるようになっているのです。

**30年計画という大きなビジョンから、「30年計画→10年計画→3年計画→1年（52週）計画→四半期（13週）→週ごと」という形に分解していき、年52週、店ごと、地域ごと、商品ごとに数字を出して、状況をチェックする。1年間の目標を達成するために週ごとに目標管理するわけです。これをワークデザインと呼びます。**

ここまでやっている会社は、なかなかないでしょう。システム会社が外販しているような普通のシステムでは、前の週の数字など出てきません。

週次決算にしているのは、月次決算では、問題が起きたときに手を打つには遅すぎるからです。

多くの会社では決算は月次で、それも1ヶ月分の数字が上がってくるのは翌月の5日とか10日です。そんなに遅いと、何か販売面で問題があったとしても、もうその月のうちには対応策を打てません。次の月になってしまいます。問題が起きているのにそれを知るのが遅れると、常に後手後手に回ってしまうのです。

それに月次決算だと、ひと月の営業日数が30日のときもあれば31日のときも、２月のように

28日のときもあり、曜日の構成も毎回、変わってしまうため、正確な比較ができないという問題もあります。週次決算であれば毎年同じ。1000年経っても日数も曜日構成も変わりません。

年間計画については、1年間の52週で作り、その下が四半期にあたる13週の計画で、さらに各週の中に「単元」というものがあります。1年が始まる前に、52週の計画の中に、「その週に何をするのか」という行動予定を入れてしまうのです。この単元は年間で数百あります。人によりますが、少なくとも300〜400単元、多い人では600〜1000にもなります。

マネジャーは毎週レポートを提出し、その中で観察・分析・判断を求められます。問題があったときには、その原因が何か、事実を確認した上で対策を述べます。この「事実を確認する」というところがミソで、実際に現場に赴いて確認しないといけません。それをしないで机上の推理で話をすると、実際とは違う、見当違いの答えが出てきてしまうのです。

**まず事実を確認し、問題は何かを見極め、次に分析し、「なぜそうなったのか」を考える。それに基づいて次に現状の改善策、さらに改革案を出すのです。**改革案とは、今までと方向は同じままで、これまでの方法を否定して、まったく新しい方法に替えることです。改善策についてはその週のうちに、遅くとも次の週には出てきますが、根本的な改革案となると、出てくるまでに何週間か、あるいは何ヶ月か、かかります。

毎週のレポートでは、「1年後にどうなっていなければならないか」も記入していなければなりません。その週についての報告の場で、来年の計画をあらかじめ立ててしまうのです。そして翌年度が始まる前にそれを集めて、数百の単元を入れた1年分の計画を立てていきます。

あらかじめ計画を立てないまま、その年が始まってから行き当たりばったりに行動していると、「こうやってみてもうまくいかなかったから、ああやってみる」という具合に、無駄な時間と作業が多くなります。計画を立てておき、先を見て仕事することが大切です。

各店舗でも、週単位の作業計画を作っています。店長が作成し、フロアマネジャーや副店長が手伝います。

渥美先生からも、「ウィークリーで決算しなさい」と言われていましたが、具体的にどうやればいいのかまでは教えてもらえませんでした。ニトリでは試行錯誤しながら、コンピューターを使って週次決算を出す仕組みを作っていったのです。しかもそれと並行して、当初は大型コンピューターを使っていたシステムを、パソコンでできる仕組みに変えていきました。これが大変で、システムづくりに10年ぐらいかかってしまいました。

簡単なシステムでは、どの部門のどの品種に問題があるのかが、なかなか見えてきません。きちんと数字で状況を把握しようと思ったら、何十という品種の中で、さらに1万以上あるアイテム、その1つ1つについて週ごとに数字を出し、問題を見つけないといけないのです。これができるシステムを組み上げるためには、10年20年、あるいはそれ以上かかります。

# 「売る」努力よりも、「売れる」システムづくり

**渥美先生から私が教わったチェーンストア理論では、「システム化」が鍵になっていました。**

ビジネスにまつわるすべてのことを標準化して、どこでも誰でも同じことができるようにする。価格も、品質も、品揃《ぞろ》えも統一し、仕事のやり方も統一する。

**ひとりひとりに「売る」努力を求めるのではなく、会社として「売れる」状態を作ってやる。「儲《もう》ける」のではなく、「儲かる」状態を作っていく。**

**社員が特別なことをして努力しなくても、自然にそうなるようにしていく。**

めちゃくちゃに時間を使ってがんばって売上を上げた人がいたとしても、他の社員が見たら、「あんなこと、オレにはとてもできない」と思うでしょう。そうではなく、時間をかけないでも自然と同じことができてしまう仕組み（システム）を作ってしまうことがポイントです。

**「システムとは『よい習慣』である」と私は思っています。**

悪い習慣を見つけ、断ち切ってなくす。よい習慣を作って、それを拡大し、会社に植えつけていく。それは企業文化、コーポレートカルチャーと言われるものです。

ニトリでもペガサスクラブに加入する前は、数字で経営することなど、まったくやっていませんでした。数字がないということは、抽象的でわかりにくくて、無駄と失敗が多すぎる経営だったということです。そういう悪い習慣を変革するために、私は「数字の入らない会話は仕事ではなく遊びか趣味」と言いきり、すべてに数字を入れて話すよう、社員に求めました。今では何についても数字を入れるのがニトリ流になっています。

**システムを作るまでには時間がかかります。よい習慣を定着させるためには、10年20年と日々同じことを言い続け、そうするよう要求し続けるしかありません。**たまに、思い出したように言ってもダメです。途中であきらめてもダメです。とにかく100％できるようになるまで、ひたすら言い続けることです。

## 楽しく働くにはロマンとビジョンが必要

**創業以来の私の課題は、「いい会社、社員が楽しく働ける会社を作ること」です。**

**私は「お客様を喜ばすにはどうしたらいいだろう」と考えるのと同じように、「社員の財産を増やすのには、どうしたらいいだろう」といつも考えています。いずれは大企業の数倍の生涯賃金を実現し、「ああ、ニトリにいてよかった。幸せだ」と言ってもらいたいのです。**

たとえば『週刊東洋経済』(２０１６年６月４日号)の特集「学生が選ぶ『２０１７就職ブランドランキング３００』」では、ニトリは男子19位、女子は53位でしたが、総合では34位にランクインしました。周りにいるのは、電通やＪＲ東日本、三井物産など、日本を代表するようなそうそうたる企業ばかり。その前に発表された日本経済新聞社と就職情報大手・マイナビの調査(約３・３万人による投票のランキング)でも、文系37位とほぼ同じでした。流通業ではダントツの１位です。

将来的にはぜひ総合ベスト10に入って、ニトリだけでなく流通業全体のイメージを上げていきたいと思っています。

学生たちの就職の動機を見ると、女性の場合は「企業価値」「商品・サービスが優れていること」が上位で納得できますが、男性では「大企業であること」が上位に来る一方、「社会に貢献している」は下位と、ちょっと心配になります。ただ「人の役に立つ仕事」というところは男女とも上位に来ていて、これはすばらしいですね。

**学生たちから「就職したい」と思われるには、労働条件もよくないといけませんが、それ以**

**上に未来に夢と希望を持たせてあげられることが大切で、そのためにはやはりロマンとビジョンがなければいけません。**

もう1つ、自分の成長が感じられることも大切です。白井さんたちの世代は、私と一緒にチェーンストア理論を1つ1つ勉強し、若いうちから自分たちの手で実現させていきました。それが働く喜びだったのだと思います。**小さな成功体験を積み重ねて、「進んでいるな」「成長しているな」と実感できることが、がんばる意欲につながるのです。**

会社の成長も大事ですが、やはりみな自分が一番かわいいですから、まずは自分自身が成長していると思えること。「会社のため、社長のために働くのではなく、自分自身が成長するための場が会社である」と感じられる、そういう会社にしたいと思ってきました。**ロマンとビジョンを共有していれば、「会社のため」と考えなくても、社員の進む方向がバラバラになることはありません。**

社員ひとりひとりが成長を続けていくためにも、会社としてのビジョンとは別に、ぜひ個人としても、自分のビジョンを持ってほしいと思います。個人のビジョンとは、20年先、30年先に、「自分がこうなっていたい」という姿です。頭にその姿を描いて、そこに向かって日々、進んでいくのです。

個人としてのビジョンを持ってもらうために、ニトリでは社員全員に「生涯設計キャリアアップシート」という表を配布し、記入してもらっています。

「あなたのなりたい未来はなんですか」と質問し、未来から逆算しながら、30年後、10年後、5年後、3年後、1年後の自分が今の時点で希望している姿を書いてもらいます。そのときの職務や資格も書き込みます。

職務や資格を書くのは、それが成果と実績の1つの目安で、給料もそこで決まるからです。つまり「この歳《とし》になったときには、これぐらいの収入を得ていたい」という目標でもあります。

キャリアアップシートは私自身が**「会社の計画があるように、個人としての計画もあったほうがいい」**と考え、10年ほど前から始めたものです。以前から「社員それぞれ、個人としての目標を書いて出すように」と言ってましたが、みんな口で「はい、わかりました」と言うだけで、ちゃんと書いてきた人は10人に1人ぐらいでした。そういうことだからみんな、「ただの人」で終わってしまうのです。いくら言っても書かないものですから、キャリアアップシートという形で強制的に書かせるようにしました。これもみんなに成長してほしいからです。

シートに書かれた内容と実際の本人の成長を見比べると、「おかしいな、あまり伸びないな」という人は、シートに書かれた10年後の目標も低い傾向があります。みんな目標が小さいんです。30歳の人の10年後の目標が「店長」というのでは、ちょっとさびしいし、まして「チーフマネジャー」ぐらいでは、「もう1度書き直したほうがいい」と思います。10年後の目標は大きく持たないといけません。「会社のために」とか「社長のために」とは考えずに、自分のため、自己成長のためにも、ぜひ高い目標を書き込んでほしいのです。できれば新入社員も中途採用者も、全員にニトリの社長をめざしてほしいと思います。そして前向きに、たくさんの挑戦をしてください。20代の失敗は許されます。30代の失敗も、まだ許されます。失敗しても会社が責任を取ります。

## 長所を発見する「配転教育」

**ニトリでは「配転教育」という方針を採っています。どんどん部署を変えて、社員にいろいろな仕事を覚えてもらうことです。**

これを始めたのは、もう40年近く前、ペガサスクラブに入って組織論を学んでからです。渥美先生のチェーンストア理論では、「社員に新しい知識や技術を身につけるために、18ヶ月で配転させなさい」ということになっているのです。

ただ18ヶ月で配転させながら、ちゃんと仕事を覚えて戦力として役に立つようにするのは、よほど優秀な人でなければ無理です。ニトリの場合は仕事をちゃんと覚えてもらうために、1つの部署に2年から3年ぐらいはいてもらいます。

**配転教育のよい点の1つは、それぞれの人の隠れた長所を発見できるということです。**1つの仕事だけやっているときには見えてこなくても、「この人にこれをやらせてみよう」と考えてやってもらって、初めて「ああ、こういうことが得意だったのか」とわかってくることがよくあるのです。

社員ひとりひとり、年齢も違えば職種も違い、それぞれ持っている資格や技術も違います。その人に本当に何が向いているのかは、過去の経験からだけではわかりません。やらせてみて初めてわかるのです。スペシャリスト志望の人にもマネジャー職を経験してもらうのも、1つにはそういう考えからです。

私の場合も、お店で接客をしている間は全然ダメで、そちらを妻に任せて、仕入れや配送を専門にやるようになってから、ようやく「自分は仕入れが得意だ」とわかったのです。

人間誰しも、長所と短所があります。短所は誰でもわかります。本人もよくわかっています。私にはたくさんの短所があります。たとえば「接客ができない」という短所があって、幸い妻が補ってくれましたが、そうでなければ商売も続けていけなかったでしょう。実は私は今でも、対人で接客するのは苦手で、ドキドキするのです。仕事と関係のない人との交流は気楽にできるのですが。

他にも忘れ物をしたり、ズボンのチャックを閉め忘れたりと、抜けていることでは人一倍です。中でも一番の短所は、「何かを覚えるのが大の苦手」ということでしょう。先日もそのことで失敗してしまいました。

東京本部に、まだ20代のモンゴル人の女性社員がいます。モンゴルの人と中国の人は、日本人から見ると似ています。それでも普通は若干、印象が違うのですが、彼女は中国人に近い雰囲気で、私は彼女がモンゴル人だとなかなか覚えられませんでした。

その日も歓迎会の席で、彼女のことをうっかり「この人は中国人で」と紹介してしまったのです。すると彼女は「違います。私はモンゴル人です」と言って、「私はこれまでに何度も会長に言っているのに、全然覚えてもらえません。会長は私のことなんか、なんにも気にかけていないんですね。私のこと、嫌いなんですか？」と怒り出してしまいました。

バシッと言われて、グサッときました。私は彼女に、素直に「ごめんなさい」と謝りました。

もともと私は社員の顔もお客様の顔も、何回も何回も会って話して、やっと覚えられるぐらいなのです。人の名前もいつまで経っても覚えられません。

あるときなどはパーティーで、パーティーが始まる前に名刺交換した人に、パーティーが始まってすぐ、ほんの数分後に「初めまして」と名刺を差し出して挨拶《あいさつ》してしまいました。相手の人は「今、名刺をいただいたんですが」と言って、さすがにあきれたようで、その後は話しかけてくれませんでした。私は子どもの頃からそうなのです。もうこれは遺伝なので、しかたないとあきらめています。でも普通の人はそんなことは知りませんから、私の覚えが悪いことで「気にかけられていない」と思い、傷ついてしまうわけです。

**このように短所はわかりやすいのですが、長所は本人もわかっていないことが多いのです。周りの人がじっと観察して、見つけようとしなければ見えてきません。**ニトリでは、それは上司の役割です。

部下を持ったマネジャーは、部下の短所を見て文句を言っているようではダメで、長所を見て、それを活《い》かして有効に使うようにしなければなりません。そうでないと部下も伸びないし、業績も上がりません。部下から見れば、上司に自分の短所をあげつらわれて、それをどなられたり叱られたりしたら、嫌になってしまいます。「そんなこと、言われなくてもわかってるんだ。それより、オレのことをうまく使ってくれ」と思うはずです。

配転教育では、配転が遅いほど覚えが悪いということで、同じ部署に何年もいる人は、上司から「成長していない」と見られているのです。中には6年以上も同じところで滞留している人もいます。そういう人は、会社の成長についてこれていないのです。

仕事への意欲がうかがえない人については、上司を通じてイエローカードも出します。ただ

3度のイエローカードで即退場ということはなく、何回かチャンスを与えます。いずれにしても、本人の意欲次第です。

**進み方は遅くてもかまいません。大切なのは、成長を続けること。決して立ち止まらないことです。**私も進むのが遅い人間です。覚えが悪く、数字にも弱く、ウサギのように速くは進めません。それでも渥美先生の教えを守って、歩みを止めることなく、「前進、前進」で来ました。渥美先生は「それでいいんだよ。目標より遅れても、とにかく前進を止めないことが大事だ」と言ってくださり、私はそれがすごくうれしかったものでした。

ですから社員のみなさんにも、「ゆっくりでいいから、前進することをやめるな」と言いたいと思います。

## 部下を伸ばす理想の上司

私はニトリのマネジャーたちに、「上司は24時間、部下の面倒を見て、私生活の相談にも乗るように」と言っています。

**私生活で悩みがあると、仕事でも全力を出せません。だから部下を持った人には、悩みを相**

**談され、アドバイスをあげられるような関係を作るよう、努力してほしいのです。**

結婚して、嫁と姑《しゅうとめ》がうまくいっていないとか、子どもに何か問題があるとか、そういうのはよくある話です。でも私生活の悩みは、なかなか人には言えません。特に男の場合、自分の弱みは人には見せたくないものです。

上司は、部下にそれを話してもらえるような関係を作るために、努力する。ただ、聞いたことを書き取ったりすると嫌がられてしまいます。書かずに頭に入れておいて、たまに「その後、どうだ？　うまくいっているか」というように、たまに聞いてあげると、部下は「ああ、気にかけてくれているんだな」と思い、勇気づけられます。

私のところでも、結婚当初、嫁と姑はうまくいっていませんでした。

妻は私の兄弟と親が一緒になって暮らしているところに来て、同居していたのですが、私の母がいろいろ言うのを、じっと我慢していたのです。

家具店の接客を任された上に、家の家事までやらされて、寝る時間は4時間ぐらいしかありませんでした。60キロぐらいあった体重が四十何キロまで痩せてしまい、よほどストレスがひどかったのか、夜中に歯ぎしりをして目が覚めたら、寝ている間に布団を食いちぎっていて、中綿がバラバラになっていたというほどでした。

私は見ていてかわいそうでかわいそうで、「同居をやめて家を出る」と母に言ったのです。

かねて母からは、「家を出るなら、家具屋を始めたときに出した金を返せ」と言われていました。家具の店を出すときには、お金がなかったので、親や知り合いから借りたのです。それを返せと言われたら、店を畳むしかありません。しかし、こうなったらもうしかたありません。

私は妻に相談して、「オレも土方ならできるし、おまえも飯炊き女でもやれば、なんとか暮らせるんじゃないか」と言いました。妻は、「いいよ。どこまでもついていくから」と言ってくれました。

それで私は、「親子の縁を切ってもいい」という覚悟で、「家を出るから」と告げました。母はやはり「ダメだ！」と言ってきましたが、私と妻が出ていくとなると、店をやる人間がいません。母もどうやら、それはまずいと思ったようで、問答の末にようやく「わかった。家を出てもよい」ということになったのです。

こうして私と妻は家を出て、２人で暮らし始めました。家庭の悩みがなくなったことで、仕事についても前向きに考えられるようになりました。

そういう経験から、「何か家の中に悩み事があると、気力が出ないし、仕事への意欲も湧いてこない」とわかりました。心が疲れると、考えること自体が嫌になってしまうものです。

**仕事への影響が大きいからこそ、上司は部下のビジネスの面だけでなく、プライベートについても責任を持たないとダメなのです。**部下の悩みを除いてあげることも、上司の仕事の１つです。私もニトリの役員など、古くからの社員の悩みはみんな知っています。奥さんの体調が優れなかったり、子どもに問題があったり、本人が持病を抱えていたり。ときには病院を紹介することもあります。

人が社会人として成長していく上で、上司の果たす役割はとても大きいのです。

ニトリの社内にも、「チャンスを与えてやれば伸びる人なのに」と思う人はたくさんいます。そういうチャンスを与えられるかどうかは、上司次第です。

**成長しようとする部下に難しい課題を与え、その苦闘を愛情を持って見守っていてくれるのが、理想の上司です。**

これは「下から見て優しい上司」ということではありません。むしろ怖くてきびしい上司でいいのです。上司が自分の成長を望んでいるのか、それとも使い捨てでいいと思っているのか。それは部下にもすぐわかります。接する態度はどうでも、どんどん部下に挑戦させて、「失敗の責任はオレが取る」と言ってくれる。上がそうでないと、下は伸びません。「もし失敗したら、何を言われるかわからない」という上司の下では、部下は挑戦などできません。

誰も背中を押さずに放置していれば、大きく伸びる人は全社で何十人しか出てこないでしょう。でもすべての上司が部下の背中を押してあげれば、その割合はずっと増えるはずです。

# やる気を消え失せさせてしまう言葉

私生活の悩みとしては、姑、小姑《こじゅうと》の問題もよくありますが、一番多いのは夫婦仲の問題です。

私の経験から言うと、そういうときはだいたい、旦那のほうに反省が足りないのです。たとえば家の中で旦那が、何か置いてあったものにつまずいて、蹴っ飛ばしてしまったとします。

そのとき、「どうしてこんなものを置いておくんだ」とどなっているようでは、ダメ。同じことでも「オレが悪かった」と素直に謝れば、奥さんのほうも「いいえ、私がこんなところに置いたから」となって、うまくいきます。

特に問題なのは、奥さんに対して「オレが働いて飯を食わせてやってるんだ」という態度を取ること。これでは絶対うまくいきません。

私は妻の働きは認めていました。妻から、「1つだけあなたのいいところは、『食べさせてやってる』と1度も言わなかったこと」と言われたこともあります。実は妻は「もし『食べていられるのはオレのおかげだ。文句を言うな』と言われたら、すぐに離婚しよう」と思っていたそうです。「そういう男は絶対嫌。奥さんはちゃんと奥さんの仕事をしているのだから」と。それぐらい負担になる言葉なのです。

その関係は、ビジネスも同じです。社員同士も、上司と部下も、社長と社員も、気持ちの上で常に平等、対等でないといけません。

もし社長が「給料を払ってやってるんだから、ありがたく思え」などと言ったら、その瞬間に社員のやる気は消え失せてしまいます。そんな会社にはいないほうがいいと、私も思います。会社と社員も、社長と社員も、持ちつ持たれつ。

**私は常に、「社員のおかげで食べさせてもらっている」と感謝しています。社員の中にも尊敬する人、敬服する人、「かなわない」と思う人がたくさんいます。**

ニトリでは、新入社員から会長まで、男性も女性も、お互いに「さん付け」と呼び合うことになっています。

白井社長に対しても、みな「白井さん」と呼びかけます。一般社員もマネジャーも、ベテランも新卒も、お互いに同じ人間として対等と認め合うことが大事なのです。もちろん、長のつく人には責任がついてきます。だから仕事に関しては、きびしく叱ったり怒ったりすることも必要です。しかし責任が重いということと、偉いかどうかは関係ありません。

これは社内だけの話ではありません。私はどんな職業の人とも対等に付き合おうと思っています。さらに言えば、世界の人はみな平等なのです。国境を越えて、男も女も、おじいさんもおばあさんも子どもも、みな対等。差別があってはダメです。もし差別があると、差別されたほうは悔しくて、「こいつと付き合いたくない」と思うでしょう。博愛の精神がなければ、グローバルなビジネスもうまくいきません。

## 相性は「創る」もの

夫婦の関係であっても、上司と部下、会社と社員の場合であっても、相性というものがあります。相性とは、お互いで「創る」ものだと、私は思っています。

**ある人とうまくやっていこうと考えたら、相手の短所は自分が補ってやり、自分が足りないところを相手に補ってもらう。それが「相性を創る」ということです。お互いがそうすることによって、チームとして大きな力が生まれてきます。**

人と会社の相性も同じこと。自分がいる会社の悪いところを数え上げていたら、キリがありません。物事のよい面を見るようにしていないと、上司がやっていること、同僚がやっていること、いちいち気に入らないところが目についていて、不満たらたらになってしまいます。すべてが完璧な人などいないように、すべてがすばらしい理想の会社など、この世にないのです。新しい会社に入るのであれば、自分で意識してその会社との相性を「創っていく」ことです。

**先に「会社に残ってくれたのは、素直な人たちだった」と言いましたが、素直というのは、「物事のよい面を見る」ということでもあります。**優秀な人は、ニトリにかぎらずどの会社に行っても、上の人間が無能に見えてしまいがちです。事務作業の処理能力が高い人ほど、その基準で相手と自分を比べてしまうのです。でもそれは実は、相手の短所を見ているということです。それだと本当の実力は見えてきません。

私にかぎらず世の中の社長さんは、意外に抜けていたり、バカなことをやっている人が多いのです。そういう人だからといって、社長としての力がないわけではありません。

**経営で大切なのは、ロマンとビジョンです。ですから社長にまず第一に必要なのは、ロマンとビジョンを持っていること。何十年か先の未来を見通し、それを踏まえて壮大なビジョンを立てて、そこに向かってみんなを引っ張っていく。それが社長に求められる仕事です。**

私自身は、「自分の仕事は、会社のビジョンを作り、それをどうやって実現していくかを考えることだ」と思っています。

物事の長所を見る人は、私を見ても、「この人は確かに頭は悪いけれども、それでも会社がここまで大きくなったのは、何かしらいいところがあったからだろう」と、いい面を探してくれるのです。そういう人は残ってくれます。

男女の関係にしても、最初から完全に相性がぴったりという人など、まずいません。恋愛中はいいのだけれども、結婚して3年も経つと、お互いのマイナスのところが目についてきます。そこで「この結婚は失敗だった」などと考えるのではなく、「せっかく縁があったのだから」と考え、相手に自分を合わせていく。相手の欠点には目をつぶり、相手の長所を見つける。お互いの個性を認め合って、自ら努力して相性を「創っていく」のです。

いい夫婦とは、お互いに相性を創っていける人たちです。お互いに自分の立場ばかり主張すると、離婚するしかなくなります。相手が相性を創ろうとしているのにそれがわからないようだと、逃げられてしまいます。結婚も就職も物の見方一つで、うまくいったり、いかなかったりするものなのです。

## 成功する人の最大の特徴

ニトリでは今、社内にカウンセラーが8名います。50代、60歳前後ぐらいの経験豊富な人たちに、専門職として社員の相談に乗ってもらっているのです。何種類かの検査を行って社員ひとりひとりの性格の傾向を調べ、本人の適性を考え、指導の材料にするのです。こうしたケアをするのも、なかなか仕事に積極的になれずに、成長についてこられない人たちにも、モチベーションを上げてがんばってもらいたいと考えてのことです。

私自身も、中途入社の人などのカウンセリングをやっています。昼休みに社員食堂で食事を取りながら、1度に2人ぐらいから話を聞くのです。カウンセラーとしての資格は特に取ってはいませんが、早くから人事に性格検査を採り入れたのは私だし、検査方法にどんなものがあるかも、自分で勉強しました。「経験のないカウンセラーよりオレのほうが、社員のモチベーションを上げるのはうまいぞ」と思っています。時間にして1時間ほどですが、私のカウンセリングで勇気づけられて、行動が変わったという人が、けっこういるんです。

中途入社の場合は、それ以前の職歴を活かした仕事に就こうと考えがちです。ニトリでは中途入社の場合も必ず、まずは半年から1年は店舗の現場を経験してもらいます。私は「前の会社の経験を活かせるのは有利だけれども、あなたは性格上、違う長所があるかもしれないから、これまでとは違う、経験したことのない職務を経験してみたらどうですか」と勧めます。フロアマネジャーや店長を経験してもらって、「そこで何が好きで、何がおもしろいと感じましたか」と質問して、本人の好みも含めて、どんな職務に向いているか導き出すのです。

私が社員に求めるのは、何よりも積極性です。たとえば私と白井さんは性格検査では、積極性が高いことが共通しています。情緒が安定し、社会性の面では外向的。変化を好み、リスクへの不安がないのです。**物事に積極的にチャレンジする人は、物事をよい方向に考える傾向があります。「最後はうまくいくさ」と、先行きを楽観しているのです。これは人の短所ではなく長所を見るようにするのと同じで、心がけ次第で変えられるものです。**思い切ったチャレンジができない人は、物事を疑ったりして、不安が強くなっています。素直じゃないんです。

これは生まれついての性格もありますが、意識して行動を変えていくことは可能です。**大事なのは、考えすぎないこと。そこが、人が成功するかしないかの最大のポイントです。**考えすぎると臆病になって、結果としてチャンスを逃してしまうのです。人生はチャンスをものにするかどうかで決まります。ビジネスも同じです。

そのためにはできるだけ楽天的になって、余計なことを考えないようにすることです。物事の悪い面は、見てもいいのですが、それは「克服するために何をすべきか」と考えるためです。常に前進、前進という発想でなければいけません。

多くの人は、変化する力を持っているのに、踏み出す勇気がなくて立ち止まっています。そこを一歩踏み出せるように背中を押してあげることが、カウンセリングの目的です。

カウンセリングでは私は、「言いたいことを言いなさい」「失敗してもいいから、どんどんやってみなさい」と勧めています。「これを言ったらまずいことになるかも」と、周囲を気にしながら先読みして自分を抑えてしまっている人が多いからです。

よく、会議などで反対意見や問題点があっても、「これを言うと雰囲気が悪くなるから、言わないでおこう」という人がいます。途中入社の人などは特に遠慮しがちです。それではいけません。言うべきことははっきり言わなければなりません。

誰に何を言われようと、「ビジョンの達成のためには、これをやることが必要なんだ」と考えたら、覚悟して言ってしまう。遠慮はしないこと。ニトリでは社員はみな平等です。言いたいことは言ったほうがいいし、すべき自己主張はしたほうがいい。

かといって、周りの人とケンカばかりしているようでは、仕事を効率よく進められません。

よく仕事がうまくいかない言い訳をして、「上司が動いてくれない」「部下がやろうとしない」「他の部署が協力してくれない」という人がいます。それは違うのです。上司や部下や、関係する部署を動かせない、あなたが悪いのです。上司を動かすのも部下を動かすのも、他の部署を動かすのも、本人次第。そう思わなくてはなりません。

**矛盾しているようですが、協調性を持ちながら、かつ攻撃的な性格がベストです。「余計な**

**トラブルは起こさないが、言うべきことは言う」という姿勢ですね。**

採用面接でも、言うべきことを言おうとしない人は、東大や京大の出身でも採用しません。周りに気を使って発言しない人は、どこにいるのかわからない存在になってしまうからです。でも最近はそういう、空気を読んでしまう人が多いのです。長男長女ばかりで、何もしなくても与えられることに慣れてしまって、自分から積極的に取りに行く必要のない状況で育ったためでしょうね。私が育った戦後間もない日本は、自分から取りに行かないと何ももらえなかった時代でしたが、今はまったく違います。

人間の行動は、環境の影響を受けたり、本人が努力して変えられる部分もありますが、持って生まれた性格、変えることはできない部分も、やはりあります。きょうだいの中でも、明らかにお母さん似の子とお父さん似の子がいるようなものです。

私の母は、明るくて度胸がありました。私もその性格を受け継いで、頭は悪いけれども明るさだけは人一倍なのです。今考えると私も、頭がよくて東大に行くより、そういう性格を受け継いでよかったと思います。

自分がどういう性格かで悩んでもしかたないので、自分の性格を知った上で、そのいいところを活かし、まずいところを補うよう努力することです。

# 「6段階評価方式」にした理由

**モチベーションを高く保つには、評価制度も大事です。**

普通の日本の会社は基本的に年功序列で、がんばっても収入の面ではそれほど大きな差はつきません。ニトリの場合、よくやった人はそれを認めて、収入がアップする仕組みになっています。ボーナスも普通の会社より多めに差がつきます。ただ、それだけでは意欲を高めるのには十分ではありません。**特に問題は、「このままで別にいいや」と現状維持に甘んじてしまう人に、どう意欲を持ってもらうかです。そのために評価制度そのものを工夫しないといけないと考えて、何十年も悩んできました。**

2011年から「働きぶりを6段階で評価する」という方式を始めました。

もともとニトリでは、5段階で働きぶりを評価していました。上司が部下を評価する方式で、そこまでは一般的ですが、評価の結果は本人にも知らされます。それについては上司との間でカウンセリングの場が設けられ、「なぜこの評価になったか」の説明があります。

多くの人は、ただ一方的に点数をつけられるだけでは納得できませんが、会社側の評価基準が明確で、その評価をつけた理由についての説明がきちんとされれば納得できるし、「今度はがんばろう」と思えるものです。

ただ5段階評価の場合、真ん中の3という評価に、全体のだいたい3分の2が入ってしまいます。上司としても3が一番無難で、つけやすいのです。

4とか5は、ごく一部の優秀な人しか取れません。3が一番数が多い。ところが3の人がたくさんいると、「赤信号　みんなで渡れば怖くない」ではありませんが、「みんな同じだ」と思って安心してしまいます。それだと実際には「中の下」クラスで、もっとがんばってもらわなくては困る人たちが、「これでいいんだ」と勘違いして、努力を怠ってしまうことになります。

この人たちにやる気を出してがんばってもらうには、どうすればいいのか。

考えた末、あるとき「一番多い3をなくしてしまったらどうだろう」と思いつきました。中間を取ってしまうのです。こういうとき、多くの人は「みんなはどうしているのだろう」と考えて、他と同じやり方をしようとしますが、**私はいつも「他の人がやっていないことをやってみよう」と考え、普通とは逆のことをやろうとします。**

このときの発想は「5段階の中間を取ってしまおう」ということで、4段階評価としてみました。ところが、これだと心理的にきついのですね。4段階評価の「2」と「3」には、大きな差があるように感じられます。2をつけられた人たちは「自分はもうダメだ」と悲観して、退社する人が増えてしまいました。こうなると評価を行う上司のほうも、2はつけにくくなってしまいます。

そこで6段階に増やしたのです。6段階評価で「3」となっても、まだ下に2段階ありますし、全体としては真ん中のほうということで、ゆるい印象です。つけられた人も「3から4に上がるチャンスは十分ある」と感じられます。実際、多くの社員は3になったり4になったりしています。ただこれでも新人にはきついようなので、現在は入社4年目までが従来通りの5段階評価、5年目から6段階評価としています。これも意欲を高めるための仕組みの1つです。

## 意欲を高める研修システム「ニトリ大学」

**社員の意欲を高める仕組みとしてもう1つ重視しているのが、研修システムです。**

私の場合は、人を育てることが趣味で、ライフワークになっています。ニトリでも期待している人材には積極的に教育投資を行います。これは「この投資を何倍にもして返してください」というメッセージでもあります。各人に年間どれくらい投資をしているか、記録も取っています。社員に対する教育は体系化され、そのカリキュラムを「ニトリ大学」と呼んでいます。

社員教育も、最初から今のように体系的だったわけではありません。長年、試行錯誤を重ねながら、徐々に体系化していったのです。今は教育専門のスタッフだけで20～30名おり、社内講師もいます。

たとえば新入社員には、入社３年目まで、期別研修があります。最近は１期が４００名にもなっているので、研修もなかなか大変です。

**意欲を持ち続けるために、ときどきロマンの原点を思い出すような経験もさせています。**それがアメリカ研修旅行で、ニトリではまず毎年５月、入社２年目の社員全員をアメリカへ連れていきます。その後も平均で3年ごとに研修旅行に連れていきます。３年ごとにしているのは、旅行でロマンを新たにしても、３年もすれば忘れてしまうからです。

アメリカに行って「ああ、すばらしいな。そうだ、自分はロマンを見失っていた」と気づき、帰国しやる気満々でがんばるものの、１年するとそれが半分以下になり、２年すると5分の１になって、３年でゼロになってしまうのです。人間はそういうもので、それで3年ごとにリセットするわけです。その意味ではニトリのアメリカ研修旅行は、「志の旅」といっていいでしょう。

２０１6年の場合、5、6月に500名、秋に400名、計900名が出かけます。割合にすると、新入社員を除く全社員約4000名の4分の1近くです。その他にヨーロッパでの研修や、インドネシアとベトナムにある家具製造会社のニトリファニチャーでの研修もあります。

ペガサスクラブには今も加入していて、セミナーその他で、年間1億円ぐらい払っています。教育費全体としては年間何億円にもなります。

女性の戦力化にも積極的に取り組んでいます。

**ニトリのお客様は3分の2が女性です。商品の展示からトイレのつくりまで、女性の視点がないとうまくいきません。**台所用品なども、日頃から料理をしている人の目で選ばないといけません。コーディネートの決め手はカラーですが、女性は色彩感覚については、生まれながらにして男性より鋭い面があります。

10年前ぐらいまでは、ニトリでも女性社員の比率は低いものでした。それは現場で体を使う仕事が多く、「女性は非力だから」という声があったためです。今では女性でも重い物を運べるように設備を工夫したりして、採用における比率も5割になっています。給与体系も平等です。現状で女性の執行役員は2名いますが、女性店長はまだ20名ほどと少ないのが現実です。この比率を5割とし、今は3分の1が女性のバイヤーやマーチャンダイザーも、将来的には5割にすることが目標です。バイヤーは今この世にある商品を選んで揃える仕事、マーチャンダイザーはこの世にない商品を作り出す仕事です。

社内の制度も女性が働きやすいように変えています。たとえばかつては、結婚しようが子どもができようが、出勤は8時からと決まっていましたが、今は働く時間帯を選んで申請できるようになっています。

勤務地についても申請できます。配転教育は独身の若い間はいいのですが、結婚するといろいろ家族の問題が出てきます。そこで給料や待遇は少し変わりますが、自己申告で勤務ゾーンを決められるようにしました。関東、北海道など、日本全国を6、7ヶ所に分け、エリア限定社員という制度を設けたのです。女性の場合は出産などを機会にエリア限定社員になり、子育てが一段落してからまた全国社員に戻るというケースもあります。

介護など個別のケースについても、勤務先が家から通える範囲になるよう配慮しています。介護が終わったら、またもとに戻る仕組みです。

女性には出産・子育てという働く上でのハードルがあります。以前は子どもができると退職するケースが多かったので、育児休暇を申請すれば2年取れるように変えました。そこから戻ったときも、以前の給料が保証されています。実際に今、全社で70名ぐらいが産休を取っています。おかげで出産後もかなり会社に残ってもらえるようになりました。これらはみな女性社員の意見を聞いて作った制度です。

# ロマンとビジョンを達成するための「5大スローガン」

**ロマンとビジョンを達成していく上で、常に頭に入れておいてほしい5つの「主義」があります。ニトリでは、これを「5大スローガン」と呼んでいます。**これも「成功の5原則」と同じように、渥美先生から聞いた言葉を、私なりにまとめたものです。

5大スローガンとは、

**①一番主義**
**②集中主義**
**③先制主義**
**④経験主義**
**⑤ビジョン主義**

の5つです。

**「一番主義」は、「なんでも1番をめざせ」ということ。一番主義の反対が「二流主義」です。**

「2位じゃダメなんでしょうか」と言った国会議員がおられましたが、ダメなのです。2番手、3番手ではダメ。なんでも1番でなければいけません。社内では常々、「それぞれの部署で1番をめざし、次にはそれぞれの店で1番、エリアで1番、ゾーンで1番、全国で1番をめざせ」と言っています。たとえば、札幌の店であれば、まず札幌で1番、次に北海道で1番。その次は全国に6ゾーンあるので、1ゾーン60店舗で1番になることです。それから日本で1番。目標を達成したら、その枠をどんどん広げていくのです。

**「集中主義」は、多角化をせず、本業に徹するということ。これは力を1つのことに集中するためです。集中主義の反対が「分散・多角化主義」です。**

ニトリは、衣食住のうち、住関連の仕事のみに特化しています。会社の内部でも同じで、ニトリでは、トップ直轄の部門が30ありますが、それぞれの部門の長の兼務は禁じています。「何か1つの仕事に集中しないと成功できない」と考えるからです。人事、組織、教育、労務といった仕事も、兼務はさせずに1つの仕事を1人に任せています。

**「先制主義」とは、まだ他にないことをやるということです。日本で初めて、世界で初めてのことをやる。最初にやった者だけがそこから利潤を受けられるのです。**ニトリにはたくさんの例があります。

これまで新事業開発も、ロジスティクスの改革も、インターネット販売も法人事業部も、どれもゼロから立ち上げてきました。社内システムを大型コンピューターからパソコンベースに変えたり、物流でも商社を使うのをやめて自社で手配する形に変えたり、まるっきりやり方を変えたり、新しいことをどんどんやってきました。先制主義の反対が「対抗策主義」です。

**「経験主義」は、なるべく多くのことを経験させるということ。人は失敗を経験して成長するのです。そのためにニトリでは、「配転教育」を方針としています。**短期間で配置換えをして、いろいろな仕事を経験してもらうことです。経験主義の反対が「発明主義」で、頭の中だけで考えようとすることです。

これから社会に出るみなさんは、これまでは学校の机の上で学んできたわけです。社会に出て同じようにやっていてはいけません。**何が問題で、何が課題であるか知るためには、頭で考える前に実際にやってみることが大切です。**机上論ではなく、現場に行って体を使ってやってみて初めて、これまで気がつかなかった問題を発見できるのです。何かが起きている、その現場に足を運んで、自分の目で確かめる習慣を身につけてください。

**「ビジョン主義」とは、目標を立てて、そこから今やるべきことを逆算していくことです。**20年先、30年先を考えて、そこに向かって進んでいくのです。これが大切なことは会社の経営でも、個人のキャリアアップでも同じです。ビジョン主義の反対が「宿命・限界主義」または「認識主義」です。「がんばったって、どうせ変わらない」とあきらめてしまう。または今、目にしているものを基準に考えてしまう。それはかつての、ダメダメだった頃の私の姿です。

## ロマンとビジョンを達成するための「3C＋C」

ロマンとビジョンの追求には、必ずリスクが伴います。普通ではできないことをやり遂げるためには、普通ではやらないような冒険と挑戦が必要になるのです。**大きなリスクを冒さなければ、ロマンとビジョンは達成できません。**リスクのないことからは何も得られません。失敗を恐れず、リスクを取って実行していく、その覚悟が大事です。

**ニトリでは、「変化（Change）」「挑戦（Challenge）」「競争（Competition）」の頭文字を取って、3Cと呼んでいます。変化を恐れず、常に現状を否定し、できそうもないと思えるほど高い目標を掲げて、それに向かって戦っていくのです。**

挑戦とは、常識でいったら勝てそうもない相手に戦いを挑むことです。ニトリで「挑戦」というとき、それは「できそうもない高い目標（ビジョン）を掲げ、それに向かっていくこと」

を意味します。挑戦に戦いはつきもの。競争を恐れていてはダメです。ニトリの社内に関して言えば、今は同期がたくさんいるし、交流会、懇親会もあります。積極的に交流してみて、お互いに、「こいつはライバルだ」という人を作ってほしいですね。ライバルと競争し、切磋琢《せっさたく》磨《ま》することを通じて、人は成長し、変化し、目標に近づいていくことができるのです。

**普通では達成できない目標を達成するためには、常識や慣例は頭から消し去って、ゼロベースから考えなければなりません。**そのままでいてはダメなのですから、環境の変化をチャンスと捉え、自分がその変化の主役になることをめざすのです。変化の主役になるためには自分自身もどんどん変化していかなくてはならず、常に柔軟でなければなりません。

**この3Cに加え、さらに「コミュニケーション（Communication）」も大切です。これで「3C＋C」になります。**

私はもともと話すのが苦手です。しかし話すこと、読み書きが苦手では、「のろま」と言われてしまいます。好き嫌いではなく、とにかく、無理をしてでも会話してみる。英語でも同じです。上司にも自分から積極的に話しかけていくことです。コミュニケーションを通わせてみる努力が必要です。自分から交友範囲を限定しないことです。

社外とのコミュニケーションも大切です。ニトリで言えば、テレビCMを流したり、会長の私がテレビに出たりすることは、ニトリの宣伝になるだけでなく、社員への刺激にもなっているようです。先日もカウンセリングした社員が、「北海道の実家の母が『似鳥会長がテレビ番組に出ていた』という電話をかけてきた」という話をしていました。「会長がテレビに出ると、親子のコミュニケーションが生まれて、親孝行した気分になります」というのです。

創業の頃のニトリは、家具店というだけでイメージが悪く、社員も肩身の狭い思いをしていたようです。最近はニトリも、都心に進出したことや好調な業績のおかげで注目を浴び、テレビや雑誌でよく取り上げられるようになっています。社員たちも「ニトリに勤めています」と、誰に対しても胸を張れる会社になってきました。名前が広がるにつれ、自治体からも「我が街にもぜひ出店してほしい」と連絡が来るようになって、そういうときは「待ってました」と出店させてもらっています。

一方で会社が大きくなり、店舗数が増えてきたために起きてくる、コミュニケーションの問題もあります。社員全員にロマンとビジョンを行き渡らせるのが難しくなっているのです。**チェーン化とはすなわち標準化ですから、全社でやり方を統一していくためにも意思の疎通が大切になってきます。**10人の部下なら毎日コミュニケーションが取れますが、数が多くなると全員の顔を毎日見ることはできなくなります。以前は年に1度は社員全員を呼んで懇親会をやっていたのですが、社員の数が増えて、さすがに無理になりました。

四半期に1度は全店長を集めて店長会議を行っていますが、今では400店もあるので、一同に会するのも大変だし、全員に発表してもらうのも大変です。それでも貴重な機会ですから、ザーッと発表してもらい、会議が終わった後は懇親会に移ります。それ以外にも社内報や懇親会など、できるだけ多くの機会を設けて、社員に自分の考えを伝えていくよう心がけています。

企業としてのロマンとビジョンを次の世代に伝えていくために、私が生きている間に、ニトリとしてのバイブル、教本を作っておきたいとも考えています。本書もそういう考えで作りました。社内で作って配ってもいいのですが、できれば社外にも公開して、世の中に役立っていかせたかったので、外部の出版社にお願いしています。

## ビジョン達成を可能にする「革命」発想

**私は革命的なことに興味があります。普通の人の目から見たら、「これは不可能だろう」と見えることに挑戦し、やり遂げるのが楽しみなのです。**

ゼロからのものに取り組むのも、私の趣味です。うまくいくかどうかわからずハラハラ・ドキドキし、のたうち回って、わからないことをしつこく回って話を聞いて、調査して、コツコツやって、とうとう花が開く。そういうのが好きなんです。

おかげで私が「やろう」と言い出したことでも、社内のほとんどの人が反対ということもめずらしくありません。それでも「これはやるべきだ」と考えたことは、反対を押してでもやってしまいます。それでいいんです。改革には反対がつきものです。これまでのやり方を否定することになりますから、常識に囚《とら》われている人たちは全員、反対に回ります。その反対を押し切って改革を続けなければ、ビジョンは達成できません。

**昔から「役員全員に反対されたものは絶対にやるべき」というのが、私の中の鉄則でした。というのも役員というのは常識人で、常識的な発想をするからです。役員の言う通りのことをやっていたら、１００倍ではなくて２割増しにしかなりません。それではビジョンは達成できません。**海外からの輸入にしても海外自社生産にしても、私が言い出し、みんなに反対されて「何言ってんだ。オレ1人でもやる」と突っ張って、散々苦労しながら最後には成功させてきたのです。

同じ人生ならば、安全とか安定とかはつまらない。無理な課題に取り組んで、ハラハラ・ドキドキするのが楽しい。それこそが生きている証しだと思います。

過去の経験をもとに、難しいことを克服していく。経験を積めば積むほど、もっと難しいことに挑戦していく。それが私の人生です。

今のニトリは、経営が軌道に乗っています。でも海外を見れば、中国は赤字だし、アメリカも赤字。

アメリカには進出したといってもまだ5店舗で実験段階です。アメリカは日本より進んでいるので、うちが今、本格的に進出しようとしてもうまくはいきません。今後10年ぐらいかけ、少しずつ店を増やしながら、仕組みや人材が揃ってきたら、一気に攻勢をかけるつもりです。

海外ではアメリカより中国のほうが早く展開できると思います。アジアにはかつての日本と同じようにニトリのようなお店がないので、今の商品や日本のやり方でも通用します。中国では今、年に5店舗ずつ出店していますが、これからは年に10店舗になり、さらに年に30店舗出店して、上海、北京、広州、深圳《しんせん》、武漢など10ヶ所以上にドミナントな商圏を築いていく予定です。上海では来年6月に4万坪の物流センターを着工します。店舗の数では、10年もしないうちに中国が日本を追い抜き、最終的には中国だけで、2000～3000店になっていくでしょう。

今、ベトナムに12万坪の土地を用意して、そのうちの2万坪に2階建ての工場を作っていますが、まだ10万坪が残っています。これから店舗が1000店、さらには3000店と拡大するのを見越してのことです。

日本でも、埼玉県幸手市に3年以内に約3万坪のマザーセンターを建設する予定です。ここからは関東各地の店舗に配送することになります。各店舗にはまた、港から直接、配送も行います。大事業がまだまだたくさんあるのです。

そうした新しい地域、広い世界で、またゼロからやっていこうと思っています。

ニトリは今、日本の住まいに革命を起こしつつあるのです。

革命は最初にそれをやった者の成果です。２番手、３番手の者がいくらがんばっても、後からその栄誉を手にすることはできません。**ニトリが成功できたのも、「日本の暮らしに革命を起こそう」という使命感があったからです。「儲けたい」とか「売上を増やしたい」といった気持ちでは、大きな成功はできません。**

革命、あるいは革新とは、今までやってきたことを否定して、新しい道を切り開いていくことです。過去に経験したことを続けていれば楽ですが、そうしていると必ず現状を打破する人が現れます。のうのうとそうなるのを待つのではなく、そういう人が出てきても勝てるよう、まず自分たちが森を切り開いて道を作ることをしなくてはなりません。さらにその道に砂利を敷き、アスファルトで固めてしまえば、後から来る人たちに圧倒的な差をつけられます。それでも追いついてきたら、今度はセスナ機に乗って、さらにジェット機に乗って、どんどん先へ行ってしまえばいいのです。

私はいつも革命をやっていないと生きている気がしません。もうやってしまったことは他の人に任せて、自分はまた新しい道を作っていきます。悩んで、苦しんで、やっとうまくできたときに、大きな喜びがあります。ほんの一瞬なのですが、一度経験してしまうとやめられない快感です。ムチで叩《たた》かれ、ロウソクをたらされて、逆境と困難を乗り越えて、小さな成功を積み重ねて、とうとう最後の成功をつかむ。こう考えてくると、私はM系なのかもしれませんね。

国内の舵《かじ》取りをお願いした白井社長にもぜひ、全員の反対を押し切ってでも、「絶対にこれをやる」という姿勢でやっていただきたいと思います。私が過去にやってきたやり方は全部否定して、新しいやり方を白井さん自身に作っていってほしいと思っています。

# 第4章

# 「執念」なくして、成功なし

# 明るく、前向きに、あきらめず

「執念」という言葉には、何かに異常に執着するという、暗いイメージがあります。

ニトリでいう「執念」は少し意味が違います。**執念とは「目標を達成するまであきらめないこと」で、そのためには「心にロマンとビジョンを抱いていること」そして「明るく、楽天的であること」が大事になってきます。**

多くの人が成功できないのは、最初は「ちょっとやってみようか」ぐらいの気持ちはあっても、それが続かないからです。つまり執念がないのです。人間、「がんばらなきゃ」といくら頭で思っても、つい怠けたりしてしまうもの。それにがんばってみたときでも、思ったようにうまくいかないと、くじけたりめげたりします。**高い目標と強い志がないと、努力は続けられないのです。**

「10年後にこうなっていたい」という明確なビジョンがあり、「今やっている仕事は、ビジョンへつながる一歩なのだ」という自覚があれば、うまくいかないときにも簡単にはあきらめません。「何か方法があるはずだ」と懸命に考えます。それが執念です。

ニトリは「先制主義」を掲げ、これまで他の人が誰もやっていないことに挑戦してきました。

でも世界で初めての新しいやり方というものは、すぐにはうまくいかないものです。「やってみてもうまくいかないから」といってすぐあきらめていては、ものにはなりません。**簡単にできるようなことなら、とっくに誰かがやっています。うまくいくようになるまでああでもない、こうでもないと工夫し続け、改善して改革して、なんとか使えるようにしていくのです。**

このときは「いろいろやっていれば、最後にはうまくいくさ」という楽天的な考え方が大切です。「がんばったって、どうせうまくいかない」という悲観的な物の考え方をしていると、努力の途中で心が折れて、あきらめてしまうことになります。

**明るく、前向きに、あきらめずに、工夫し続ける。それがニトリ流です。**

## 「少しでも安く売りたい」を実現させる執念

私が見たアメリカでは、家具の値段は日本の3分の1でした。**日本に戻ってきた私は「なんとかして日本でも家具の値段をアメリカ並みに安くしたい」と決意し、「よその値段の半分」を店の売りにしようと考えました。いつも「半分、半分、半分。よその値段の半分にするには**

**どうするか」と考えてきたのです。それこそ、執念の塊《かたまり》のようなものです。**

安く売るためには、まずは安く仕入れることです。最初にやったのは、「わけあり」の商品を探すことでした。たとえば倒産した家具店や問屋から放出された品です。札幌市内に倒産品を扱っている業者があり、そこからはかなり仕入れました。店が増えてくると札幌だけでは足りなくなって、本州にも渡って安い品物を探しました。

資金繰りに困っている問屋やメーカーがあると聞くと、現金を用意して直接、買い付けに向かいます。人間、お金に困っているときに目の前で現金を広げられると、つい欲しくなって、安く商品を売ってしまうのです。わけあり商品をたくさん扱ったおかげで、「ニトリは安い」という評判をもらえるようになりました。ただ倒産品はトラブルも多いし、安定して仕入れることはできません。

北海道は広い土地のあちこちに家具工場が散らばっていて、問屋がそこから品物を集荷し、小売店に卸していました。伝統的に問屋の力が強いのです。そこでなんとか彼らの目を盗んで、工場から直接仕入れる方法を考えました。直接買うことで安く仕入れることができるからです。

私は「新しい商品が入ってきたら、1番に見つけられるようにしたい」と考えました。そのために問屋の営業マンと仲良くなろうと考え、食事をおごって、1杯飲ませて、「将来、うちの会社は大きくなるから、協力してくれたら、あんたの営業も伸びて偉くなれるぞ」と話し、同志のような関係を作りました。おかげで新商品が入ってきたら、真っ先に電話が来るようになりました。電話が来たらすぐに出かけて、一番先に見せてもらいます。その後で、それを作っているメーカーにこっそり出かけていきました。

といってもすぐには売ってくれません。問屋の系列というものがあるからです。それでも時々「こんにちは」と顔を出して、世間話などをして顔つなぎしておきます。

メーカーも1年のうちには、売りが立たない時期があります。北海道の場合、12月から2月ぐらいまでは雪で荷動きが止まってしまうので、小売店も問屋も暇なのです。そういう時期にこっそりメーカーの倉庫をのぞくと、在庫が積み上がっています。そうなってからが本番です。

顔つなぎの合間に倉庫を見て、山のように商品がたまっているのを確認しておいてから、「この辺がピークだな」というときに、現金を用意して「1つ売ってくれませんか?」と持ちかけるのです。向こうは「いや、うちは問屋の系列だから、他には卸せないんだ」とやせ我慢して言うのですが、「この場で現金で払いますよ」と言ってチラッと札束を見せると、もうよだれが出そうな顔になっています。

「そうは言っても、もし見つかったら出荷停止にされるし」と渋るのを、「大丈夫です。見つからないように、夜の間にこっそり取りに来ますから」と説得して、冬の夜の8時9時、真っ暗な中を1人でトラックで取りに行き、向こうにも手伝ってもらって、タンスやサイドボードなどを運び出し、その場で代金を払って持ち帰ります。最初は1つだけだったものが、そのうち2つ、3つと増えていきました。

といっても繁忙期の4月5月に入ると、メーカーも忙しくて、「お宅には入れられないよ」となってしまいます。契約しているわけではないので、そこはしかたありません。「その分、今度は冬の間に多めに買います」と言って、安いところを探して倉庫を借りて、冬の間に山のように買いだめして、その在庫で8月ぐらいまでもたせるのです。

最初はうまくいったのですが、そうこうしているうちに「問屋にバレた。危ないから、もうお宅には売れない」と言われるようになってきました。問屋が警戒して、こちらの仕入れができないよう見張っているというのです。

こうなると札幌はまずいので、今度は旭川へ仕入れに行きます。けれども同じやり方をしていると、すぐに見つかってしまいます。そこで次は帯広へ。「ここなら見つからないだろう」と思っていたら、見つかってしまい、しかたなく津軽海峡を渡って、本州へ仕入れに出かけました。最初は青森です。しかし、そこでも足がついてしまい、群馬県の前橋、広島とどんどん南に下っていって、そのうちとうとう九州にまで行ってしまいました。まるで指名手配犯です。

1982年、いよいよ海を渡って台湾、韓国で仕入れを始めました。日本国内には、もうニトリに品物を売ってくれるメーカーがなくなってしまったのです。

海外では電話帳を頼りに、かたっぱしから家具工場を回りました。貿易の経験など何もないので、代金の支払い方も一から勉強です。

海外製品を使おうと思ったのは、安かったからです。ただ安いには安いものの、最初のうちは「安かろう、悪かろう」で、品質には問題がありました。木材を十分に乾燥させないまま組み立ててしまうので、気候の違いで寸法が変わって脚が外れたり、水拭きすると塗装がはがれてしまったりと、クレームが続出しました。輸入したはいいけれども、あらかた燃やしてしまうような状態だったのです。アメリカ向けに作っている製品が多く、サイズも日本人には合いません。当時はまだ店舗数が少なく、大口の注文ができなかったので、日本向けに仕様を変えてもらうこともできませんでした。

とにかくクレームだらけで、店先ではお客様に謝ってばかり。売るほうも大変です。おかげで社員たちからは「ニトリの評判が悪くなるから、やめてください」と、輸入を続けることに猛反対を受けました。それでも私がやめないので、「社長は向こうに女がいるんだ」「宴会で饗《きょう》応《おう》されているんじゃないか」などと散々に言われました。

そんなことはありません。まあ、宴会がなかったとは言いませんが、そのために行っていたわけではありません。

お客様が第一に求めているのは「安さ」なのです。当時のニトリにそれがなかったら、他には何もいいところはありませんでした。だから質は悪くても安さを求め、輸入を続けたのです。

**安さよりも品質を優先すると、いつの間にかだんだん値段が高くなってしまうものです。「1に安さ、2に安さ、3に安さ、4に品質、5にコーディネート」というのがニトリの経営の方向で、これは曲げられません。それくらい、安さが最重要なのです。**

でも今は、ニトリの商品は「安い」ということが全国的にかなり認知されてきましたので、品質とコーディネートに力を入れています。テーマと順番は同じでも、比重が変わってきているのです。スタートしたときは比率で言えば、安さが6割、品質3割、コーディネート1割ぐらいの割合でしたが、今は安さが4割、品質3割、コーディネート3割ぐらい。ただ順番を間違えてはいけません。あくまで1番は安さです。安くて品質がいいというお客様にとっての価値に加え、さらにコーディネートの提案を付加価値として打ち出しているわけです。

価格についてはみんな追ってきているし、品質も少しずつ追いついてくるでしょう。でもコーディネートを真似《まね》するのは簡単ではありません。ニトリのコーディネートでは素材が違っても、あるいは家具とカーテン、カーペットのように商品のジャンルが違っても、色や柄が統一されています。それができるのは、ニトリがすべてのジャンルの商品を自社で企画しているからです。

ただ当時は、とにかく安さしかありませんでした。社内の反対に対しては、最初は「石の上にも3年だ。3年待ってくれ」と言っていたのですが、3年経ってもまだクレームは減りません。そのうち、私が海外に行くときは、勝手に変なものを買い付けてこないように、お目付け役がついてくるようになりました。それでも私は「風雪5年。5年待ってくれ」などと言って、輸入をやめませんでした。「これしかない」と思っていたからです。

１９７１年のニクソンショックで、１ドル＝３６０円の固定相場制がなくなってから、円はドルに対して高くなる一方でした。「いずれ国内で作っていては、立ち行かない時代が来る」と私は読んでいたのです。

私の読みは当たりました。仕入れを始めた頃には1ドル＝２５０円ほどだったものが、１９８５年の「プラザ合意」で一気に円が高くなり、１ドル＝１２０円ぐらいになりました。仕入れる私たちの側から見れば、以前の半値で買えるようになったのです。１９９０年代半ばには1ドル＝80円を切るまでになります。国内製品と輸入品の価格差は圧倒的になり、輸入品の品質も少しずつ向上してきて、クレームも少なくなっていきました。

社長の仕事は、20年以上先の未来を見通し、そこから逆算して10年先の状況を予見し、それに合わせて経営の方向を決め、計画を立てることです。社長がそれをできないと、会社の運命も終わります。もしあのとき反対されて輸入をやめていたら、今のニトリはなかったでしょう。

あれも1つの人生の変わり目だったと思います。その他にも人生の変わり目はたくさんありましたけれども。

「少しでも安く売りたい」という思いで始めたメーカーとの直取引ですが、それをやったことでニトリは問屋から徹底した迫害を受けることになりました。けれどもどんなに迫害されても直取引をやめることはせず、自分たちでトラックを手配したり、倉庫を借りたり、あれこれ工夫して乗り切りました。同じように「少しでも安く売りたい」という思いで海外からの家具の輸入を始め、トラブルやクレームの連続の中でも、あきらめることはしませんでした。

それはアメリカに行って、強く思い描いている未来の姿があったからです。ロマンとビジョンがあったから、**反対されても迫害されてもくじけずに続けられたのです。その執念はロマンとビジョンから生まれてくるもので、一体なのです。**

## 「製造・物流・小売業」を生み出した執念

**海外生産を始めたのは、1994年。その頃、円は1ドル＝100円をめざして上がり続けており、その中でより安い価格と、クレームのない品質、そしてニトリ主導で企画された、ト**

**ータルにコーディネートされた製品を求めての挑戦でしたが、ここでもまた執念が必要でした。**

ニトリの家具製造の会社は今も株式会社ニトリファニチャー1社だけです。インドネシアとベトナムに工場があり、松倉重仁さんが社長を務めています。

松倉さんはもともと北海道の旭川で、マルミツ木工という家具工場を経営していた人です。1986年に知り合い、『世の中の不平、不満、不便を解消する』というロマンを共有する、私の同志だ」と感じたので、マルミツ木工が経営危機に陥ったとき、ニトリの取引先の銀行に頼んで、支援してもらったのです。その後、ニトリの傘下に入って家具を作っていたのですが、松倉さんは高級志向で、百貨店向けの高価格品ばかり作り、私がニトリ向けに頼む製品を作ってくれません。「そちらは小売、うちはメーカー。立場が違う」という姿勢でした。

けれどもそんなことをしているうちに赤字がかさんで、「これ以上はニトリで支えきれない」というところまで来ました。

私が「これからうちは海外に工場を立ててそこで生産したものを輸入していく。その手伝いをしてほしい。一緒にやってくれないのなら、離れてもらうしかない」と申し入れたところ、ついに降参して、インドネシアでの工場立ち上げに全面協力してくることになりました。

海外で自社生産することを決めたのは、ニトリの希望通りの、コーディネートされた商品を作ってくれる企業が見つからなかったからです。

海外に進出する前、10社ぐらいの協力企業を集めて勉強会をやっていました。ニトリで企画・提案した商品を開発してもらおうと思ったのですが、いつまで経っても思い通りにいきません。デザインやスタイル、色、価格帯を統一しようとしても、「これ以上は値段を下げられません」とか「うちは木材の加工をやる技術がありません」というように、理由をつけては断られてしまいます。これでは続ける意味がないので結局、解散してしまいました。

人に頼んで間接的にやってもらうほど、大変なことはありません。「苦労してもいいから、すべて自分のところでやろう」と考えたのです。

1994年10月には、「マルミツ　インドネシア工場」（現ニトリファニチャー　インドネシア）を設立。インドネシアのスマトラ島に、初めての海外自社工場を建設します。

このインドネシア工場は、95年から出荷を始めたのですが、生産が軌道に乗るまで、苦労の連続でした。現場で指揮していた松倉さんは、本当に大変だったと思います。

インドネシア工場の従業員たちは、みな楽天的です。ただ、ほとんどの人にはロマンもビジョンも、働く意欲もあまりありませんでした。言われたことしかしない、というならまだいいのですが、言われたことであっても、あれこれ理由をつけてなんとかやらないで済ませようというところがありました。

何しろ遅刻しても、連絡もないのです。最初のうちは毎日、２割ぐらいの従業員が出社してきませんでした。朝になって点呼してみないと、その日は何人来ているのかわかりません。しかたなく、班ごとにチェックして、「この班は何人いない」と確認した上で、人の配置を考えました。無断欠勤を前提に工場を動かしていたのです。中には出社してきたはいいけれども、トイレにこもったまま出てこなくなってしまう人もいました。

インドネシアには、従業員がストをした場合でも、それを理由に罰したり、働いていなかった期間の給料を減らしたりすると、企業のほうが政府に莫大《ばくだい》な罰金を支払わなければならない、という法律があります。労働者の保護ということなのですが、これでは外国企業は進出しにくくなってしまいます。工場を動かすようになってからも、ストをされたり、工業団地全体の労働争議が起きて工場が襲撃されたり、大変でした。

一番困ったのは、盗難が相次いだことです。部品や電線はまだしも、大型の重機までが盗まれて消えてしまうのです。盗難を防止しようとガードマンをつけても、こちらも従業員とグルになって盗難を手伝う始末。当時のスマトラ島は、インドネシアの中でも治安が悪く、日本企業も進出した端《はな》から撤退してしまうような土地柄だったのです。

これではどうにもならないので、ガードマンは全員解雇して、インドネシア海軍関係の警備会社に警備を依頼し、社内には盗難防止のための金属探知機を設置、前もって申請しないで遅刻や欠勤した人には、イエローカードを渡すことにしました。イエローカード3枚でレッドカード、つまり退職です。これも最初はあまりにイエローカードが多いので、4枚でレッドカードということにしていました。また、よりイエローカードの効果を上げるために、カードを受けている人の顔写真を貼り出すことにしたのですが、これには労働組合が反対してきて、やり方を変えなくてはいけませんでした。

最初のうちは給料は他社並みで、管理だけをきびしくしていたのですが、そうすると反発が強いので、給料についてはその工業団地で一番多く出すようにしました。「出すものは出すから、しっかり働いてください」というわけです。それでようやく、反発が少し収まりました。

もちろんインドネシアにも、志や意欲のある人がまったくいないわけではありません。現地ではそういう貴重な人を引き上げて、工場長など責任のあるポストに就けています。

2004年には、リスクを分散するためにベトナムに新工場を建てました。インドネシアの1工場だけに頼っていたら、火事でも起きたら会社はおしまいだからです。

中国にしなかったのは、当時の中国では、外国企業が合弁会社の資本の50%以上を持てない決まりだったからです。経営権が握れないとうまくいかないことは、自社生産を始める前の海外のメーカーとの取引で、骨身にしみて感じていました。今も私は、「中国は売るところであって、作るところではない」と思っています。いろいろ調べて、ベトナムが最適という結論になりました。

今ではインドネシアやベトナムの工場も、日本と同じように管理しています。言った通りにやってくれない人は、どんどん配置転換したり、あまりひどければやめてもらいます。日本流でやらないと、品質も維持できないし、生産性も上がらないのです。

最初は海外生産には後ろ向きだった松倉さんですが、ものづくりについては高い技術を持っていて、受けた仕事は完璧にこなしてくれます。もともと方法と手順は、完璧だったのです。ただ、方向が間違っていました。円高で国内生産では立ち行かなくなるという未来を想像して、海外生産に向かうという決断に踏みきれなかったのです。ニトリで示す方向の通りに仕事を始めると、そこからは一気に経営が好転しました。

数年前からはベッドやソファの生産も始めています。

私は10年以上前から、「日本で家具の主流だった箱物はいずれなくなる。ベッドやソファなどの脚物を作ってほしい」と言っていたのですが、松倉さんは最初は「箱物屋がベッドを作れるわけがないでしょう」と、聞く耳を持ちませんでした。しかし、いよいよ箱物が売れなくなってきて、「このままあと10年したら、工場を閉めないといけなくなるよ」と言い渡すと、「しかたない」ということで、脚物の生産に挑戦することになったのです。

作り方を知らなくても、別に作れないことなどありません。作り方を知っている人をスカウトしてくれればいいだけです。このときはタイなどアジア各地から、作り方にくわしい人材を引っ張ってきました。

ただしベッドを作るにあたっては、条件を1つつけました。「部品は外から買わずに、すべて内製すること」です。このため、部品の材料となるウレタンの生産から始めました。ウレタンの生産には10種類ぐらいの材料を使い、それらを溶かして混ぜあわせます。大掛かりな装置が必要ですが、それをやると買う場合の半分のコストで部品ができるのです。

自分たちで生産するようになって、初めてわかったこともありました。それまで外から買っていたウレタン部品の多くには、石灰が混ぜられていたのです。それはウレタンの取引が、重さあたりいくらで行われていたためでした。ウレタンを生産している業者が、少しでも重くしようと混ぜ物をしていたのです。

ところが石灰が混ざると、ウレタンの性能は落ちてしまいます。復元力が弱くなって、1、2年でヘタってしまうのです。ニトリでは大型製品などには5年保証をつけていますから、これは困ります。そうしたこともあって、自社生産をきっかけに、それまでウレタン製部品を納入していた業者の多くと取引をやめることになりました。

今では松倉さんのほうから「難しい課題を投げてくれ」と言ってくれるようになりました。

「難しい要求をクリアしていくことが楽しいから」というのです。頼もしいですよね。

そのため毎年1つ、これまでにない新しい課題に挑戦してもらっています。

たとえば引き出しにレールをつけて、指1本で開けられるようにする。ただしそれを、これまでと同じコストで実現するのです。普通に考えればコストアップしてしまうのですが、そこを工夫して、低コストの部材を探したり、安く作る方法を開発するのです。

地震で倒れないような棚を作る、という課題もありました。棚の場合、揺れとともに扉が開いてしまい、中身を飛び散らせながら倒れるのです。そこで地震でも扉が開かないように工夫し、倒れないように形も工夫して、これまでと同じコストで倒れない棚を実現しました。

その他、10円玉でこすっても傷がつかない塗装や、熱いものを近づけても焦げない塗装なども、値段を変えないで実現させています。

**ニトリからはお客様の不平、不満、不便を伝え、それを解消するための課題を出す。ニトリファニチャーは工夫してその課題をクリアする。そんな形でうまく役割を分担しています。**

今ではインドネシア工場の従業員1200名に対し、ベトナム工場は女性中心に3800名と、規模の面ではベトナムが主力となっています。ベトナム工場は建物が5万坪、日本人は十数名だけです。箱物からベッドマットまで、ありとあらゆる家具を作っています。ベッドマットだけで去年、24万個も売れました。製品を全部合わせると、年間で80万個ぐらいになります。

ベトナムではこれに加え、バリア・ブンタウという省の、空港と港に近い１００万坪の工業団地の中に12万坪を用意してあり、２０１７年8月には新工場を建設する予定です。家具、ベッドだけでなく中国にある縫製工場まで移して、紡績工場も視野に入れ、ありとあらゆる製品をそこで生産していくことになるでしょう。

**私は「事業で必要なことはなんでも、自分たちでやろう」と思っています。たとえば販売チェーンも、フランチャイズはダメです。経営を人に任せて商売するのは、かゆいところを服の上からかくようなもの。時間はかかっても、直営方式にこだわっています。**

かつては商社に任せていた輸入業務も、「ニトリトレーディング」を設立して、自社で行うようになりました。間に入っている商社に向かって「ああだ、こうだ」と言っているより、自分でやったほうが早いと思って始めたのです。**そうするうちに、ニトリは日本で企画と品質管理を行って製品を輸入販売する、「製造・物流・小売業」という、世界で初めて、他に類例がない業態になってしまいました。そうしようと思っていたわけではなく、ロマンとビジョンを追求するうちに、そうなってしまったのです。**

**なんでも自分たちでやろうとするのは、表面的な利益率以上に、自社でやることで社員が技術を身につけて、スペシャリストになっていくというメリットがあるからです。人が育つので**

**す。「企業は人なり」です。人が育てば、事業は狙い通りに成長していくものです。お店の作り方、組織の作り方ももちろん大切ですが、それより人の育て方のほうがもっと大事です。**

ただ普通は小売の会社が製造を始めて、こんなふうにうまくいくことはありません。

渥美先生は、小売チェーンが製造業に進出することは認めていませんでした。それは競争に負けた場合に切れなくなってしまうからです。

自分が製造に関わっていなければ、製品を納入しているメーカーにどんどん競争させて、競争力のないメーカーは切ってしまい、入れ替えることができます。しかし自分で作っていたら、競争力がなくなっても抱え込むしかなくなります。「それではいけない」と教えていたのです。

ところが私は手を出してしまいました。最初は86年にマルミツに出資したことですが、このときは渥美先生が怖かったので、何も報告せずにこっそりやっていました。でもインドネシア工場を作ったことがバレて、「見せてくれ」と言われて、先生が見学することになったのです。

前に厚別店を見ていただいたときのことがありますから、渥美先生が見学されている間ずっと、ご案内しながら緊張のしっ放しでした。幸い、先生は気に入ってくださったようで、その後、ペガサスクラブの会報でもニトリのインドネシア工場について紹介してくださいました。

**工場の赤字がかさんでも、輸入品のトラブルが続いても、あきらめずに続けているうちに、それが海外生産に発展して、ニトリの商品の中核を担うようになり、世界に類例のないビジネ**

スモデルができあがった。これもあきらめずに工夫し続けた、執念のおかげです。

## 店舗数が増えて可能になった低コスト生産

ベッドの自社開発は、私が自分で指揮しました。最初は社員に任せていたのですが、思うような結果が出ないので、「私が直接やる。私は素人かもしれないが、何も知らないほうがいいんだ。素直にやるんだ」と言って、一時期は毎週のようにベトナムや台湾に行っていました。

商品開発がうまくいかなかったのは、開発担当者たちがそれまでの常識に囚《とら》われていたからです。たとえば「ベッドのマットレスは固めがいい」という思い込みがありました。それは業界の常識だったのですが、私に言わせれば迷信です。

**大事なのはお客様が何を望んでいるかです。**

今のニトリのベッドは、マットレスの中のコイルが1つ1つ独立した、ポケットコイルと呼ばれる仕組みを採り入れています。ポケットコイルの場合、1個1個のコイルに布を被せて作ります。これは他のベッドメーカーではほとんどやっていません。コストが高くつくからです。

普通のベッドメーカーのマットレスは、コイルとコイルがつながっているので、たとえばダブルベッドでとなりの人が動くと、つられて反対側も引っ張られるといったことが起きます。コイルが独立しているほうがいいのはわかっているのに、高いと売れないのでそういうレベルで済ませているのです。

ニトリでは少しでもコストを下げるために、ベッドのマットレスのスプリングも、番線(ワイヤー)を買ってきて、それを丸めて、自分たちでコイルを作るところから始めました。ゼロから全部自製したことで、購入する場合の半値以下で作ることができました。

結果、ニトリで販売しているベッドは、同等の品質なら、他社で販売しているベッドの価格の半分か、それ以下になっています。よそで15万円のシングルベッドが、ニトリでは6万9800円で買えるのです。おかげで2015年に大ヒットしました。一気に23万台のベッドが売れたのです。2016年はさらに上積みして、30万台をめざしています。

ニトリのベッドが大ヒットしたおかげで、このところ冴《さ》えなかったベッド業界全体が活気づいてしまい、日本全体でベッドの販売台数が増えています。ただしベッド専業のメーカーには、ニトリと同じものは作れません。

ソファについても、ベッドと同じ発想で新製品を作りました。同じコイルをソファにも採用しています。ニトリのソファの場合、フレームが積層合板という丈夫な材料で作られていることとも特徴です。ソファは2015年には7万台で、販売部門からは「2016年は10万台」という目標が上がってきたのですが、「去年の販売数が低すぎた。それを基準にしてはいけない」と言って、新規開発して品種も増やして、2016年の目標は14万台、一気に前年の2倍の販売をめざしています。

**これまで値段が高くて普及していなかった種類の製品を、自社生産することで安く世の中に提供し、誰もが使える商品にしていく。それはニトリのポリシーでもあります。**

足置きを上下させられるリクライニングソファも、そうした製品の1つです。

飛行機のファーストクラスでは、足置きが自動で上下するようになっています。私は普段、ファーストクラスは使わないのでよく知らないのですが、とにかく、それと同じようなリクライニングソファを安く作ろうと考えました。輸入品ではあったのですが、20万〜30万円はする高価なものだったのです。それを自社で作って6万9000円まで安くしたら、あっという間に日本中に広がりました。

こうした価格破壊をめざす新製品を開発するときは、最初から量産することが前提です。

新しく出す製品は、まずはお客様に認知してもらう必要があります。たとえばニトリでは、秋冬物を下げて春夏物を展示するときは、全体の3〜5割のスペースに置きます。この割合が少ないと、お客様に認知していただけません。２割ぐらいでは目につかず、最低でも３割以上が必要で、４割を基準にしています。

展示スペース不足の問題では以前、大失敗したことがあります。「ニトリカラー」という名で、緑や赤の無地の商品をコーディネートして売り出したのですが、初めての試みだったので不安が先に立ち、売場面積の10～20％しか置かなかったのです。ところが少なすぎたためにお客様に認知されず、まったく売れませんでした。在庫の山になってしまい、「このままでは仕入れ代金を払えません」と社員に言われ、やむなく値下げして売り切りました。

新しい商品の販売を始めるときは、「たくさん作って、売れなかったらどうしよう」などと考えて生産や仕入れの量を抑えてしまうと、価格も下げられず、実際に売れなくなってしまうのです。思い切って大量に仕入れて、初めて安くすることができ、売れるようになるのです。そこは度胸が大事です。もちろん、「この価格なら、何本売れれば、コストを回収して利益が出るのか」という計算も欠かせません。

初期の、まだ数が出ていないときには、赤字を承知で値付けすることもあります。いずれ生産が軌道に乗って数が出れば、その値段でも利益が出るはず。それを前提にコスト割れの値段をつけるのです。

**コストを下げるための大量生産や大量購入は、店舗数が増えてきたから可能になったことで**

**す。店が少なかったときには、苦労しました。**

家具の場合は、1点の単価が高いので、数が出なくとも作ってもらえます。でもホームファッションの製品は、ミニマムのロットが1000、2000です。まだニトリが30店くらいしかないときには、それだけの数を売り切るのは大変なことでした。発注数がまとまらないと、安く仕入れられないので、利益も出ません。それでも「ホームファニシング宣言」というビジョンがあったので、「何年かして店の数が増えたら、利益が出るようになるはず。それまでは我慢しよう」と考えて、販売を続けました。そういう制限がなくなったのは、100店を超えてからです。200店になるとさらに購買力がアップし、400店に達した今は、一段とすごいパワーになってきました。

ただし世界で勝負していくには、これでもまだ不足です。ウォルマートなどは全世界に何万店とあるわけです。やはり1000店はないと、世界で勝つことはできません。

**店舗数が多くなることで、単価の低い商品であっても自社開発が可能になってきました。**

たとえばニトリで開発した商品に、「Nクール」という新しい「接触冷感素材」を使った寝具などがあります。これはニトリだけで年間500万枚も出ています。全国のニトリのシェアはいまや半分以上になっています。

ここまで市場が広がったのは、ニーズがあったからです。日本の夏は蒸し暑く寝苦しい。冷房をかけないとなかなか寝られません。けれども冷房は体にはよくありません。「なんとか、冷房なしで快適に過ごせるような商品ができないか」と考えて、既存の素材でいろいろやってみましたが、どれもうまくいきませんでした。

そこで素材メーカーに声をかけて、冷房なしで寝苦しくならないような生地の開発を呼びかけたのです。そしてできてきたものを真っ先に採用して、自社で製品化しました。

他の流通大手の場合、製品全部をメーカーに生産委託しています。これだと弱いのです。たとえば円安になって、輸入価格が値上がりすれば、製品も値上げせざる得なくなります。ニトリの場合は新技術だけを採り入れて、その他の部分は自社生産していますから、為替が変動しても対応する余地があるのです。

こうした共同開発は、素材メーカーにとってもメリットがあります。開発すれば確実に販路があるわけですから、メーカー同士も競争で開発してくれます。ニトリとしては、製品そのものを買うのではなくて、新しい技術を買うイメージです。完成品は自社のアジアの工場で作ります。お客様の不平、不満、不便を解消する技術は日本で開発して、その技術をアジアに持っていって、低コストで生産するわけです。ニトリで製造をするとは、そういうことです。

兵庫県の宝塚でニトリとユニクロが同じ建物に入って店づくりをしたことが話題となりまし

たが、実はニトリでも、パジャマや肌着などの衣料品を売っています。機能性素材のNクールを使ったTシャツも、2016年4月から置いています。Tシャツといってもあくまでも肌着ですが、特に宣伝もせずやっている割に、よく売れています。

これについては私ではなく、社員の提案です。私は「肌着までやらなくても」と言ったのですが、「部屋着の延長ということで、どうでしょうか」と提案され、OKしたものです。

こういうアイデアが出てくるようになったのも、ニトリで20年以上も教育を受けてきた社員が増えてきたおかげです。教育の成果は、最低10年はしないと出てきません。10年でやっと改善の提案ぐらいができるようになり、20年でやっと、改革やコーディネートが提案できるようになるのです。

# 会社を乗っ取られそうになっても……

社長というのは、我慢が仕事です。

私は未来に達成しなければならないビジョンがありますから、嫌なことがあっても仕事をやめようと思ったことはありません。でも、ガックリくるようなことはたくさんあります。それこそ、何十回もガックリしています。

逆境というのはもう、しかたありません。想定外のことが次々に起きても、なんとかそれを乗り越えて、2度と同じことにならないよう、対策を考える。そうすることで私も成長できるし、社内にも人が育ってきます。**「経験にも授業料が必要なんだ。タダでは成長させてくれないよ」と考えて、甘んじて逆境を受け入れるようにしています。**

自分の甘さから、会社の危機を招いてしまったこともあります。

80年代の一時期、ある大手量販店から15名も中途採用で入ってもらいました。同じ会社からの採用が増えたのは、そこから来て常務になってもらった人が、「いい人材がいるから」と言って自分の後輩を引っ張ってきたからです。ところがそうやって入ってきた人たちは私ではなく、その常務の言うことに従うようになってしまい、常務のほうは私をバカにして、言うことを聞かなくなってしまったのです。

8名の取締役のうち5名が常務と同じ量販店出身者になり、とうとう会社全体が常務一派に支配されて、私は何もすることができなくなってしまいました。私が店で何か気がついて指示を出そうとしても、「組織が一本化しないから、余計な口を出すな」と言われてしまうのです。

私は会社に出てもやることがなくて、1年ぐらい悶々《もんもん》としていました。常務たちは私がやってきた低価格戦略を否定し、商品価格を引き上げ始めました。

そのうちに業績が悪化してきました。やはり経営の方向が違っていたのです。私は「このままではいけない。これはもう戦って、彼らをやめさせるか、会社がつぶれるか、勝負しよう」と決意し、最終的にはその派閥のほとんどの人に退社してもらいました。今、その量販店から来て残っているのは2名だけです。

同じようなことは実は、もっと前にもあったのです。創業してまだ5、6年の頃、地元のデパートの家具売場の責任者に営業部長として来てもらったのですが、この人がやはり外から人を引っ張ってきて、もとからいる社員も飲ませる、食わせるで手なずけて、派閥を作って会社を支配してしまったのです。このときも1年ぐらい悶々としていました。

そのうちに取引先から、彼らがバックマージン、つまり袖の下をもらっているということを聞かされました。さらに経理の責任者なども悪事に加わって、手形などを割り戻して現金化し、ごまかしていました。社内の女性にも手を出すなど、もうめちゃくちゃな状態です。人をたぶらかすのがうまい人だったのでしょう。

私は会社を守るために戦うことを決心しました。このときは最終的に全社の8割にあたる、二十数名の従業員にやめてもらいました。残ったのは私と妻の他、4、5名だけです。当時はまだ3店舗でしたが、さすがに8割がやめてしまうと、残った人間だけで運営できるのかと心配になりました。ところが、これができたのですね。社員の他にアルバイトを雇ったのですが、何しろ人件費が一気に3分の1に減ったので、儲《もう》かってしかたないほどでした。

今ではニトリでは、そうやって派閥を作る人にはやめてもらうことにしています。そういう人は、社内に仲間を作ることで保身を図っているのです。集団で物を言うことで、言い分を認めさせようとしてやっているわけです。**優秀な人でも、派閥を作る人はお断りです。だいたい実力に自信のある人は、派閥など作らないものです。**

## 運はあきらめない人に味方する

よく「運も実力のうち」と言います。「確かにそうだ」と私も思います。というのも私は、「運は自分で創るものだ」と考えているからです。『運は創るもの』という本も出しています。

運を創るために一番大事なことは、なんでしょうか。

それは「あきらめないこと」です。つまりニトリでいう「執念」なのです。

ちょっと嫌なことがあったからといって、逃げ出してしまう人は絶対ダメ。我慢しなければいけません。**苦しい時期を我慢して、逆境を乗り切って初めて、運が出てくるのです。運とは**

**巡りあわせです。普段から努力し続けていれば、巡り巡ってどんな困難にぶつかっても、必ず救世主が現れたりして、状況が好転していくものです。苦しくなったとき、なぜか必要なときに必要なものがもたらされるのです。それはあきらめずに努力を続けてきたおかげです。ロマンとビジョンがあるから、あきらめずに努力を続けられるし、あきらめずに努力し続けるから、運が引き寄せられてくるのです。**

人だけでなく、「運のある会社」というのもあると思います。それはロマンとビジョンのある会社です。

**運があるからヒト・モノ・カネが集まってくるのではありません。執念がロマンとビジョンから生まれるように、運もロマンとビジョンから出てくるものなのです。**ロマンとビジョンがあるところに、磁石に吸い寄せられるようにヒト・モノ・カネ、そして運が集まってくるのです。ロマンとビジョンがなければ、努力を続けることもなく、運に恵まれることもありません。

みながそうだとは言いませんが、「自分は運がいい」と思っている人は、あきらめずに努力する習慣が身についていることがよくあります。

松下幸之助さんは、採用試験の面接のとき「あなたの今までの人生は運がよかったですか、悪かったですか、普通ですか」と必ず尋ねて、運が悪いと答えた人は絶対に採用しなかったそうです。私も、それで判断するわけではないけれども、参考までにチラッと「あなたが運がいいほうですか」と聞くことはあります。見ていると、毎年30〜50名いる途中入社の人などでも「運が悪い」と答えた人はやはり早めにやめていく傾向があるようです。「自分は運が悪い」と思っている人は、実は人よりあきらめが早くて、苦しいところで踏ん張って逆転を引き寄せることができないまま、終わってしまうことが多いのではないでしょうか。

**運をよくするためにもう1つ大事なのは、飾らないこと。「ええカッコしい」をしないということ。自分のあるがままをそのまま全部出す。**自分の素を出す、見られてしまうということは、やっぱり恥ずかしいわけです。つい着飾ってしまう。でも自分が裸にならないと、相手も裸になってくれません。これは頭ではわかっていても、なかなかできないのです。みんな少しでも自分をよく見せたいと思っています。そういう思いを断つ、自分をよく見せたいという欲をなくすような日常生活を送ることです。仕事をしていても同じです。

そうやって自分のありのままを見せていると、困ったときに自分の欠点を補ってくれる人、助けてくれる人が出てくるのです。それを見せずに飾っていると、「ああ、別に必要ないな。自分が助言することもないな」と思われてしまいます。「こういうことで困っているんです。問題があって悩んでいるんです」と隠さずに言っていると、親身に相談に乗ってくれたり、助けようという人が来てくれます。

私自身、運のよかったエピソードは何十とありますが、中でも一番は、今の妻と結婚したことでしょう。それはまあ、ロマンとビジョンを持つようになる前の話ですが、接客のできない私がもし妻と結婚していなかったら、家具屋もつぶれて、今のニトリはなかったはずですから。

一方で、私が接客ができずに、仕入れしかやる仕事がなかったからこそ、多店舗展開できたという面もあります。もし私の接客が巧みだったら、人には任せずに店に立ち続け、いつまでも1店舗のままだったかもしれません。**何が幸いするかなど、後になってみなければわからないものです。「あのときのあれが幸いした」と言えるのは、あきらめずに努力して成功を手にした人だけなのです。**

# 成功を引き寄せる「明るい哲学」

**「達成するまであきらめない」という執念には、「明るさ」が欠かせません。「明るい哲学」といってもいいでしょう。**

「明るい」とは、未来に希望を持つということです。哲学とは物の考え方です。未来に希望があれば、変化することも恐れなくなります。「このロマンとビジョンが達成できたら、すごく楽しいだろうな」と前向きに考えられ、障害が出てきても、「障害を乗り越えるたびに一歩ずつ、ビジョンが実現していくんだ」と思い、ファイトを持って辛抱強く目の前の障害を乗り越えて進んでいけます。考え方を明るくしていくことが、あきらめない執念につながるのです。**ビジョンを達成するためには、リスクを恐れない度胸と勇気も必要ですが、これも未来に希望を持つことから生まれてきます。**

暗い哲学の人は、障害があると怖がって前へ進めません。立ち止まったまま悪い結末ばかりを想像して、決断もできないし、トラブルが起きると「やっぱりダメだ」とすぐにあきらめてしまいます。悲観的なことばかり考えていると、最後は死ぬしかなくなります。哲学の違いで天国と地獄の差ができてしまうのです。

**明るいと得をすることは、それだけではありません。明るい人の周りには、人が集まってきます。**

よく「似鳥さんの周りにはいつも人が集まってくる」と言われます。だとしたら、うれしいことです。私はずっと「ロマンを実現したいと思ったら、人が寄ってくる、磁石のような人間でないといけない。磁極のプラスとマイナスのように人を吸い寄せるためには、どうしたらいいだろう」と考えてきたからです。

私の結論は、「人に集まってもらうためにはまず、自分が明るいこと。ユーモアがあること、笑顔でいることが大事だ」というものです。人は楽しいところに寄ってくるのです。他にも

「清潔であること」「誠実であること」など、人が集まってくるための要素はありますが、中でも「明るさ」が一番です。私はそれを自分のテーマと考えています。

**男女問わず「愛嬌《あいきょう》」が大切です。愛嬌とは「明るい態度でいること」です。**私は若い頃から、先輩方にかわいがってもらうために、いつも明るい態度でいようと心がけてきました。今も明るい考え方をすることを心がけています。というのも、とりわけトップには明るい哲学がいると思っているからです。

トップがマイナスの言葉を口にすると、会社は前進できません。みな、月ではなく太陽を見て前進したほうが、力が出るのです。ですから「長」がつく人は明るくないといけません。

経営していて「明るさの力」を実感するのは、たとえばお金を借りるときです。

ニトリは、今でこそ実質無借金経営ですが、長年にわたって店舗をどんどん増やし続けてきたので、最初のうちは融資に頼らざるを得ませんでした。1号店を出したときには、親と知人からお金を借り、2号店を出すときは銀行と信用金庫から借りました。2号店のときはあちこちの金融機関を回ったのですが、最初は相手にしてもらえませんでした。

そんなときふと鏡を見たら、私の顔は緊張でひきつって、悲壮感が漂っています。

「こりゃいけない。自分が融資の担当でも、この顔に金は貸さないだろう」

そう思った私は、血色がよく見えるように頬紅を塗り、満面の笑みを作って地元の信用金庫を訪ね、とうとう融資を受けることに成功したのです。

その後、ニトリのメインバンクだった北海道拓殖銀行（拓銀）が金融危機で経営破綻《はたん》した影響で、緊急に資金が必要になったときも、あちこちの金融機関のどこも融資をＯＫしてくれず、あわや倒産かという瀬戸際に追い込まれました。

「業績はいいのに、なんでどこも貸してくれないんだ」

と思いながら、ふと車のバックミラーに映った自分の顔を見ると、やはり追い詰められた男の顔になっています。それで2号店のときのことを思い出し、自信たっぷりの笑顔を作って次の銀行を訪ねたら、そこで融資を受けることができました。

**あなたが成功したかったら、「この人を見ていると元気が出る」という、明るい人になってください。「人から見て明るく見えること」を常に意識として持っておいて、絶えず表に出すこと、行動に表すこと。具体的に言えば、誰と会ってもニコニコしていることです。**

そうなれば人がどんどん集まってきます。明るく陽気だと、人は引き寄せられます。態度が暗く、上目遣いに相手を見ているような人には、誰でも近づきにくいものです。

私は銀座や六本木に飲みに行っても、仕事の話や自慢話はしないようにしています。いつも明るい顔で女の子の悩みを聴いて、相談に乗ってあげるのです。「どうなりたいの？」なんて聞くこともあります。「もっとはっきりしないと、抽象的じゃダメよ。もっと具体的に『いつまでに何を』と思ったら、人生の生き方も変わるんじゃないかい」と言ってみたり。

態度が明るくて、口から出てくるのも夢や希望の話だと、みんな一緒にいて、なんとなく楽しいわけです。だからそういった店の子たちは、「似鳥さんのそばにいると楽しい」と言って、私が来るのを待っていてくれるんですよ。みんな、明るい話を聞きたいんです。

私は子どもの頃、家でやっていたヤミ米の販売を手伝っていて、「家を一歩出たら、みんながお客と思って愛想よくしろ」と母に言われていました。「おまえがむさ苦しい顔をしていたら、誰も寄りつかない。誰がお客になるかわからないんだから、いつもニコニコして挨拶《あいさつ》しなさい」と言うのです。それで私も小学校の低学年から、家の手伝いや折檻《せっかん》がどんなに苦しくても、いつも「こんにちは」「おはようございます」「元気ですか？」と愛嬌を振りまいていました。

まあそれができたのも、もともと性格が明るかったからなのかもしれません。

私は小学校1、2年の頃から、ヤミ米の配達を手伝わされていました。夏は母の引くリヤカーを後ろから押し、冬はソリを押します。北海道の冬は寒くて、私はいつも震えていました。ある冬の日、震えながら米を届けて、配達先の家から出たところで、母にボカンと殴られました。「そんな震えている顔で扉の中に入ってくるんじゃないよ。貧乏ったらしい。お客さんに喜びを届けるんだから、『今日、米を買ってよかった』とお客さんが思うように、扉の中に入ったら明るい笑顔でいな。そうすると、きっといいことがあるんだから」と言うのです。

言いつけ通り、雪の中を「こんにちは」と明るい顔で米を届けると、配達先の家の奥さんが、「坊や、大変ね」と気遣ってくれます。そのときも「いえ、大丈夫です」とにっこりするのです。そうすると奥さんは私に同情して、「ちょっと待ってね。何かないかしら」と探して、お菓子やリンゴやミカンを持ってきてくれるのです。みなさん、外の寒さはわかっているので、まだ小さな子どもがけなげにがんばっているのを見ると、何かしてあげようと思ってくれるんですね。それがわかってくると私は、何かもらいたい一心で、配達のときはいつもニコニコするようになりました。

私は子どもの頃、リンゴやミカンを買ってもらったことがありませんでした。だからリンゴをもらうと、芯と種以外、全部食べました。ミカンは皮まで食べました。それを見て母は、「ほらな、得になったでしょ」と言うのでした。

私自身のそういう経験もあって、ニトリでは「配達する人もセールスマン」と言って、挨拶をきちんとすること、いつも笑顔でいることを求めています。

## ロマンとビジョンの追求に終わりはない

同じ人生でも、一生かかって人の2倍のことを成し遂げる人もいれば、途中でつぶれる人もいます。会社を10倍にするトップもいれば、100倍、1000倍にするトップもいます。

私など、「人の何生分生きただろう」と思ったりします。

今の私にとっては、お金儲けは目的ではありません。私も私の妻も、たいして贅沢《ぜいたく》をしたいとは思っていません。妻はせいぜい、たまに知り合いの女性と食事するぐらい。「もっとどんどん好きなことをやったらいいよ」と言っているのですが、別に欲しいものはないそうです。

私も同じで、もともと貧乏性なので、どちらかというとモノを捨てられないで困っています。いったん買ったものは、何十年も前のスーツでも、捨てられずに置いたままになっています。あまりお金のないときに、長い時間をかけて選んで、思い切って買ったブランド品のスーツなど、もったいなくてとても捨てられません。でも商売柄、ファッションの流行には気をつけているので、流行遅れのものはすぐわかってしまい、古い服は高価なものでも着る気になれないのです。妻には常々、「着るの？　着ないなら捨てなさい。みんなに捨ててもらわないと、あなたのやっているホームファッションの新商品だって売れないでしょう。捨てたら新しいのを買う意欲が湧くから」と言われて、時々は強制的に「断捨離」させられています。

家内は私が東京に持っているマンションにも来て、古いものを捨ててしまいます。私はダニや埃《ほこり》、花粉など、いくつかアレルギーを持っているのですが、「枕は洗えないから、汚くなったら捨てなきゃダメでしょう」と言われて、先日も枕や布団などを山のようにバーッと捨てられてしまいました。

物の本によれば、お金持ちというのは貧乏性が身についていて、買ったものは永遠に捨てないのだそうです。

私は服だけでなく、車もなかなか捨てられないのです。20年以上も前に国産高級車の「プレジデント」をようやく手に入れ、その後、ベンツを買ったのですが、プレジデントのほうも「まだ動くから」と東京に持ってきて、まだ使っています。ベンツは故障して、修理代が高くついたので、次はまた国産で「センチュリー」にしました。

私にとってはお金をため込むより、冒険と挑戦のほうが楽しいのです。死ぬときに、「波乱万丈だったけれど、生きがいがあったなあ」と思えればうれしいです。

**ロマンとビジョンの追求に、終わりはありません。だから私にとっては、世の中に喜ばれながら、死ぬまで働くことが一番の幸せです。**今は人の寿命は80歳になっていますから、それぐらいまで働いていられるよう、体も頭も訓練しておかなくてはと思います。

私は希望する人には、いくつになっても働くチャンスをあげたいと思っています。ニトリの定年は60歳ですが、「スペシャリストに定年はない」と言っていて、技術、技能さえあれば、いつまでいてくれてもOKです。再雇用制度があって、60歳から再契約をして、65歳、70歳、75歳、80歳と、技術があればいつまでも契約更新することができます。実際、中途採用で入社して、80歳になっても働いている人もいます。

再雇用後は、給料は半分になりますが、定年までいった人は1000万円ぐらいの給料をもらっていますから、半分になったとしても、500万円ぐらいはもらえるわけです。

社員だけではありません。ニトリでは今、自動車会社のホンダのOBの方たちに、定年後に来ていただいています。もともと中国の東風ホンダの社長をされていた、杉山清さんをニトリにお招きしたことがきっかけで、社内で「品改」と言っている品質改革部門で、ありとあらゆる商品をチェックしてもらっています。最近もホンダから、62歳の定年後、ニトリに来てくれた人がいて、カラオケを貸しきって食べ物を持ち込んで、30人ぐらいで歓迎会をやりました。男だけだとむさ苦しいので、商品部の女性社員にも参加してもらって、楽しい会になりました。

杉山さんは昭和17（1942）年生まれで、ホンダで中国の子会社の社長まで務めた人ですが、実は大学は出ておらず、高卒からの叩《たた》き上げなのです。少し前まで専務をお願いしていました。ご本人から、「この歳《とし》になって恥ずかしいので、役員はやめて、顧問にしてください」と申し入れがあって、今は顧問としてやっていただいています。そのとき「では週に2、3回出勤して、1日4～5時間勤務というふうにしましょうか」と聞いたのですが、勤務については今まで通りでいいということで、相変わらず、年に半分以上は海外に行っています。

**技術と意欲のある人には、死ぬまで働いてもらうのが、ご本人にとっても一番だと私は思っています。**たとえ大企業の社長になっても、退職した後、年金で暮らしながら、これといった生きがいもなく、抜け殻のように生きているとしたら、これは不幸です。

ニトリでは、経済産業省の元次官だった立岡恒良さんが社外取締役に来てくれることになり、前警察庁長官の安藤隆春さんや、公取委員長を10年務めた竹島一彦さんも役員をしてくれています。日立製作所の社長・会長を歴任された川村隆さんも役員です。

安藤さんの他にも、警察出身の方たちには顧問という形で来ていただいています。警視庁や大阪府警で警察署の署長を務めたような、現場の叩き上げの人たちです。

官庁で長官や次官を務めたような人たちは、やはり鋭いです。「なぜそうなるんだ？」という追求がすごいのです。「どの世界でも、さすが日本一になる人は違う」と感じます。

私の師匠の渥美先生は、「何事も7回まで『なぜ』と突き詰めろ」とおっしゃっていました。けれども鈍い私は、先生に「それはなぜだ？」と指摘されると、いつも「ウッ」と詰まっていたものでした。30年して、ようやく3回ぐらいまでは答えることができるようになりましたが、7回まで答えられたことは、先生の存命中、1度もありませんでした。

今は渥美先生はおられませんが、代わって日本社会を代表するようなそうそうたるメンバーから、きびしく指導を受け、助言をいただいています。エリートの人たちとは別に、現場のことをよく知っている人材にも教えていただくことがたくさんあります。それは私とニトリにとってかけがえのない、ありがたいことなのです。

みなさんも明るく前向きにあきらめず、遅くてもいいから前進、向上を続け、一生涯世の中に貢献し続ける人材になってください。

# 第5章

# 「好奇心」が
# 革命のもとになる

# 好奇心もロマンとビジョンから生まれる

好奇心とは、「常に新しいものを発見しようとすること」です。

ただ単に「新しいものが好き」というのは、ニトリでいう好奇心とは違います。「ロマンとビジョンを達成するために、何か仕事に取り入れられるものはないか」と常に考え探し続けることが、ニトリでいう好奇心です。つまり好奇心もまた、ロマンとビジョンから生まれてくるわけです。

ビジョンが大きいと、これまで通りのやり方では実現できません。移動する距離によって歩きから自転車、自転車から自動車と乗り物を換えるように、新しいやり方、これまで誰もやっていなかった挑戦をしないと、スケールが桁違いのビジョンは実現できないのです。だから壮大なビジョンがあり、「是が非でも達成しよう」と思うと、あらゆる情報を採り入れなければなりません。

**新しいやり方を発見する人が超優秀なのかというと、必ずしもそうでもないものです。発見は、いつもそのことを考えている人から出てきます。**

私は中学生ぐらいのとき、松下幸之助やエジソンといった偉人の伝記が好きで、よく読みました。そういう本を読んで自分なりにわかったのは、「発明発見というものは、実は日常生活の中で不平や不満、不便を探すことなのだ。そういう問題を見つけて、それを解決すると、それまで誰もやっていないことをやったことになるのだ」ということでした。

そこで「自分を訓練しよう」と思い、自分なりにいろいろなアイデアを考えて、絵に描いてみたりしていました。

たとえば、自転車やオートバイ。私は小学４年生のときから、大人用の自転車で米の配達をさせられていました。足が着かないので、ペダルに足を置いてポーンと地面を蹴って飛び乗るのです。何百何千回とその練習をさせられて、倒れるたびに両親から殴られていました。

私は「自転車って、なんでこんなに乗りにくいんだろう」と考えて、簡単にまたげて子どもでも乗りやすい、真ん中のフレームが低い位置にある自転車を考えて、絵に描きました。横乗りができる、今のママチャリのようなスタイルです。

今でいうカウルのような泥除《よ》け、雨除けが車体の前側にある自転車も考えました。配達のとき雨が降ると、レインコートを着て自転車に乗っていたのですが、道が舗装されていなかったので泥が跳ねて大変だったのです。また配達中に転ぶと、商品の米が落ちて袋が破け、大変なことになっていました。そこで袋が落ちないように後ろの荷台の形を工夫した自転車も考えました。

どれも自分で感じていた不便さを解決するための工夫でしたが、今思い出してもいいアイデアだったと思います。もし実用化されていたら、新発明ということになっていたでしょう。実際にその後、私ではない人の手で商品化されています。つい最近も、昔自分が考えたようなフレームの形をした自転車が新しく発売されていて、「ああ、あのとき自分は50年先のことを考えていたんだな」と思ったものです。

**私は今もロマンとビジョンの達成のために、「何かいい方法がないかな」といつも探し続けています。おかげでいろいろなアイデアを思いつきます。**

ニトリの商品企画は、「こんなものが欲しいな」「こういうものがあったら便利だな」という商品を考えて、それを現実にすることです。お客様の不平、不満、不便から、「不」の字を取っていくのです。アイデアを出すのに、年齢は関係ありません。70代の私がやれるのですから。**でも現状に満足している人はダメです。ハングリーで、寝ても覚めても「ここをなんとかできないか」と課題の解決を考えている人から、アイデアが出てくるのです。**

**だからアイデアを生むにもロマンとビジョンが必要なのです。壮大なロマンとビジョンがあれば、人からどんなに褒められても、お金が儲《もう》かっても、それで満足するということはありません。**いつでもハングリーなのです。私もそうです。お金が目的ではないのです。人々が満足してくれることが大事で、ロマンとビジョンが次々と実現していくことにドキドキ、わくわくするのです。そうなると脳がフル回転して、アイデアも出やすくなります。現実にはほとんどの人がロマンもビジョンも持っていませんから、ほとんどの人の脳は99・9％、使われていないと言っていいでしょう。

ただ自分で考えるだけでは限界があります。私は情報を探して本もたくさん読むし、雑誌は『週刊新潮』『週刊文春』のような総合誌から『週刊東洋経済』『日経ビジネス』のような経済誌まで、いろいろ取っています。参考になる記事を見つけたら、すぐに飛んでいって見てきたり、調査したりします。その道の専門家にも話を聞きます。いつも頭の中に解決すべき課題を持っていると、いろいろな情報を集めているうちに「あっ、これだ！」というものに当たるのです。頭の中に課題のない人は、いくら情報を集めても何もひらめきません。

いろいろな国や場所に行ってみることも、発見につながる行動です。私は社員の研修旅行について、年2回はアメリカには行っていますし、ヨーロッパにも行くし、工場のあるアジアにも行きます。アメリカでは、会社の経営の仕組み、競争のやり方を見ています。新しい技術や、利益を出すための方法も学びます。ヨーロッパではデザインやカラーを学びます。アジアでは製造の現場に行くことで、いろいろな課題が見えてきます。

海外で輸入できる品物を探すようになったのも、もちろん仕入れの問題はありましたが、1つには好奇心がありました。行ったことのない国へ行って、見たことのない景色を見て、食べたことのないうまいものを食べる。夜は夜で日本とまた遊び方が違うわけです。まあ、そういう楽しみもあって、「こっちでまたなんか仕事を作ろうかな」となったという面も、なくもなかったです。ロマンとビジョンといっても、やっぱり楽しみがあるというのは大事です。目的と手段がすり替わってはいけないですけれどもね。

次元の違う目標を達成するために、それまでの方法とはまったく違う、新しいやり方を採り入れることを、「改革」と言います。私は常々、「30代までは改善案、40代以降、特に幹部は改革案を出せ」と言っています。そのために好奇心は、何歳になっても持っていないとダメです。もし新しいものに興味がなかったら、無理にでも持つようにしなければいけません。

## 「人と違うことを考える」のも好奇心

私の父はよく「自分の欠点を直そうとするな。うちの家系は頭が悪いのだから、そこはあきらめて、大学出を使うような立場になればいい」と言っていました。そして私に向かって、「おまえは短所ばかりで長所がないから、食べていこうと思ったら人の2倍3倍働くか、人のやらないことをやらなくてはダメだ」と言うのです。

私は「そういうものかなあ」と思ったのですが、人よりたくさん働くのは嫌でした。だから「人のやらないことをやらなくちゃ」といつも考えてきました。

考えてみると私は、子どもの頃から少し変わっていたかもしれません。

私は記憶力がまるでなかったので、試験ではカンニングばかりしていました。バレると退学になってしまいますから、絶対に見つからないような方法を考えました。

厚紙を貼って蛇腹にして、その裏表に、４Ｈぐらいの硬い鉛筆を削って私にしか見えない薄い字で５ページ分ぐらいの丸写しの書き込みをして、それをゴムでつないで袖のところに留めておき、読み終わったらパッと服の中に隠れるという仕掛けを工夫したのです。

カンニングの方法として昔からあるのは、下敷きに書くとか、鉛筆や消しゴムを割ってその中に書くとかいったやり方です。でもそれでは書ける量は知れています。私は何しろ、教わったことを何一つ覚えていないので、もっと大量に書かないと進級できません。そこで他に誰もやったことのない方法を工夫して、ゼロから底上げして、ようやく合格ギリギリの点が取れたのです。

それもこれも、落第したくない一心から。私は受けた高校を全部落第して、最後の1校の校長先生にお袋が米を1俵届けて裏口入学した身です。せっかく入っても、進級できなければ無駄になってしまいます。**褒められたことではありませんが、まあこれも好奇心と、「なんとし**

**ても課題を克服する」という執念の表れ、と思ってください。**

丸写しといっても書ける量はかぎられていますから、「試験にどこが出題されるか」という予想は欠かせませんでした。これは日頃の先生の授業を注意深く見て、同じことを何回も言っていたり、話に熱が入っていたところなどをチェックして、「ここが出そうだ」と予想するわけです。私の予想はよく当たりました。その後、経営者になってからは、円高円安や景気の動向を予測するようになりましたが、基本は出題予測と同じです。

こういう話をすると、「出題範囲が予測できるなら、カンニングなんかしないでそこを覚えたほうが早いじゃないか」と言われるのですが、それがそうではないのです。先生が熱を入れて話していることはわかっても、話している内容についてはまったくわかっていないのです。わかっていないので、聞いても覚えられないし、書き写していても覚えられません。

話というのは、理解していないと頭に入らないものなんです。カラオケで画面に流れてくる歌詞と同じです。あれは意味など考えずにただ声に出して読み上げているだけなので、何度見ても覚えられませんよね。

よく右脳、左脳と言います。脳の中でも、左は記憶力を、右は想像力を司《つかさど》っているそうですが、記憶力は10代を過ぎたら衰える一方なのに、想像力は歳《とし》とともに育てることができるのだそうです。私の場合、記憶力を司る左脳の働きはまるでダメで、終わったことは全部忘れてしまうのです。その代わり、いろいろ工夫して変化に対応していくという、右脳の働きは悪くないようです。実は私の脳も、若いときよりも海馬が育っているらしいのです。

前に「新しい商品を見たとき、それがいいかどうか判断できるのは、今扱っている商品を記憶しているから」と言いました。そういうときの記憶というのは、単なる記憶力の働きではありません。私の場合、「こんなところがいいな」「これはこうだな」というポイントが頭に残るだけで、忘れてもいいようなことは覚えていません。重要なところだけが頭に入っていて、その記憶をもとに新しい商品を判定しているのです。

私は今でも何か覚えるのは苦手で、講演や公の場での挨拶《あいさつ》でも、覚えるのは最初の一言二言だけ。それだけ覚えて、後はアドリブでやっています。

最近はテレビに出演させていただく機会も増えてきました。テレビには台本があるのですが、私の場合、台本通りに話そうとすると、頭が真っ白になってしまって、大きく外して、そのうち自分が何をしゃべっているのかもわからなくなってしまうのです。それで失敗したこともたくさんあります。それで今は台本は見るだけにして、台本の打ち合わせもしないで、基本的には流れの中で、普段通りにやらせてもらっています。地がおっちょこちょいなので、テレビではいつもボケ役です。

世の中で「頭がいい」というのは、だいたい「記憶力がいい」という意味です。名門大学に進むのもそういう人です。それはそれで大事なことなのですが、記憶力は変化に対応する能力とは違います。私の場合、記憶する力がないので、学生のときは大変でした。でも社会に出てからは、変化に対応する右脳の働きが大切になってきます。記憶力については、部下に代役をやってもらえばなんとかなります。

**自分の長所を活《い》かして、「とにかく人と違ったことをやる」というのが、ニトリ流です。そのほうが好奇心をよい方向へと伸ばすことができます。自分の苦手なことは無理にやろうとしないで、得意な人を探して代わりにやってもらうのです。**世の中には優秀な人がたくさんいますから、人と同じことをやっていては、自分より優秀な人にはかないません。

## 「人と違うことをする」から成功する

**投資だって、「人と違うことをする」からこそ成功するのです。**

世間では景気のいいときに投資をしますが、ニトリでは景気が悪くなってからやります。景気がいいときは、投資をしてもあまり差がつかないからです。不景気のときに投資すると、土地や建物は好景気のときより3～5割安くなります。

今は比較的、景気が安定しているので、土地も建築費も高くなっています。大阪の「ニトリモール枚方《ひらかた》」など、不景気のときなら40億円ぐらいで建築できるはずのものが、60億円、70億円と建築予算が跳ね上がり、それでも足りずに結局、90億円にもなってしまいました。こう初期投資がかさむと、損益分岐点も上がってしまうので、本当はこんなときに店を出したくないのです。ただ余裕資金があり、無借金なので、「まあいいか」と考えて投資しました。不況になるまで待ちきれなかったのです。

2016年も新たに55店舗を出店する予定ですが、そのうち自前で店まで建てるのは東京・世田谷（用賀）の新店舗などいくつかの大型店で、8割以上はテナントです。それは今後の大きな波動の変わり目を待っているからです。

**日本の場合、消費税増税が延期されたので、景気はもう少しもちそうですが、それもあと2、3年。東京オリンピックが終わった後は大不況になると見ています。**

オリンピック景気も、建設需要という点では2018年でほぼ終わります。2019年夏ぐらいまでには完全になくなります。50年前の東京オリンピックでもそうでした。2019年は10月に消費税が増税される予定で、それから5年は非常に悪い状況が続くでしょう。

**不況の中では寡占化が進みます。それぞれの業界の中で1社か2社がダントツで伸び、売上と利益を独り占めするようになるでしょう。**家具業界だけでなく、どの業界もみな同じ状況になってきます。それはアメリカを見ているとわかります。

私が初めてアメリカを訪れた1972年には、「アメリカは日本の50年先を行っている」というのが実感でした。今はだいぶ追いついてきていますが、それでも20年ぐらいの差があります。「日本はアメリカに追いついた」と言う人がいますが、実際はまだまだです。

アメリカは世界一競争の激しい国です。あらゆる業種で昔からある企業が倒産して、再編と寡占化が進んでいます。2015年2月には大手家電量販店の「ラジオジャック」が経営破綻《はたん》して、家電チェーンで残ったのは「ベストバイ」1社になってしまったし、2016年3月には「スポーツオーソリティ」が破産法の適用を申請して、スポーツ用品チェーンはとうとうゼロになってしまいました。

百貨店も高価格路線を採る老舗は経営に苦しんでいて、一方でコールズという、中級商品中心の大衆向け百貨店チェーンが急成長しています。売上高ではメイシーズに次いで2位ですが、店舗数ではもう1位です。日本でもニトリが銀座の百貨店に入ったことが話題となりましたが、これからはますますそうした傾向が加速するでしょう。

**寡占化の進行は、勝ち組に入れさえすれば、大きなチャンスでもあります。ニトリにとってはむしろ望むところです。今はいずれ来る大不況に備えて、準備万端整えています。**販売好調、無借金経営で、年間400億~500億円の純利益が出ていますから、減価償却と合わせて年間６００億円ぐらいの余裕資金があります。**これはロマンとビジョンを達成するための大切な資金です。**今はそのうち３００億円ぐらいしか使っていません。地価や建築費が高止まりしているので、投資を控えているのです。

今後、予想通りに大不況が来て、地価や建築費が下がってきたら、テナント中心の出店方針は見直して、自前で土地を購入し、建物を建てていく予定です。

## 革命的な発明と発見を導く姿勢

ニトリでは社員ひとりひとりに性格検査を実施し、それをもとにカウンセラーや、時には私自らカウンセリングして、モチベーションを上げるためのアドバイスをしています。

性格検査に興味を持ったのは、「性格と仕事の能力には関係があるかもしれない」と思ったからです。世の中ではみな、学生時代の学力が仕事の力と直結していると思っています。でもそれが本当なら、学生時代にまるで勉強ができなかった私が、事業で成功できるはずがありません。

**私が成功できた原因を考えると、一番は間違いなく「ロマンとビジョンを持ったこと」です。**

**でももしかしたら私の性格も、成功の要素かもしれません。渥美先生に言われた「素直さとフレキシビリティ（柔軟性）」や、明るさ、愛嬌《あいきょう》、工夫するところ、好奇心旺盛なところ、などです。**実際見ていても、人が成功できるかどうかは、その人の性格や行動のパターンと関係が深いと思います。それで人事管理に性格検査を取り入れて、「考え方を変えれば君も成功できるよ」とアドバイスするようになったのです。

性格検査の前にも、「これは仕事に使えるんじゃないか」と思って、いろいろな方法を試しました。たとえば第一印象や顔相です。血液型にも凝りました。

血液型は、私自身はO型なのですが、血液型の本を読むと、「リーダーや社長にはO型が多い」と書かれています。「へえ、これは関係があるかもしれない」と思ったのです。

日本人に一番多いのはA型で、まじめで上司や会社に忠実で、きちんとしていると言われています。B型は気ままで、AB型は少し変わっていて、芸術家肌などとも言われます。

そこで「これから会社を大きくするのだから、リーダータイプを増やさなくは」と思い、7、8名の中途採用者のうち、7～8割を私と同じO型にしてみて、「その部下にはA型をつけると、うまくいくんじゃないか」などと考えて人選したりしました。

ところがこれは、ダメでした。リーダー向きのはずのO型が、やらせてみたら全然ダメだったり、きちんとしているはずのA型なのにだらしなかったり、芸術家肌というAB型にデザインの企画をやらせたのに、まるで冴《さ》えなかったり。「あれえ」と思うような結果でした。

確かに、全体としてみると本に書かれているような傾向はあるような気は、しなくもありません。が、ひとりひとりにそれが当てはまるかというと全然そうではなくて、人選の決め手にはとてもなりません。「これは科学的とは言えないなあ」と思い、やめにしました。

字画にも凝りました。字画についての本を何冊も買い、その道の先生について習ったりもしました。

私の名前は字画が21画なのです。これは字画の世界では「いい名前」ということになっていて、私が中学生のときに、やはり字画に凝っていた先生から褒められたことがあるのです。

そのときは先生が「名前の字画が21画の者はいるか」とみんなに聞いたのですが、そのとき21画だったのが、学校一の秀才で全国模試でもベスト10に入り、東大に一発合格した人と、私の2人だったのです。落第生でいじめられっ子の私が「はい」と手を挙げたので、みんな「えーっ？」と言って、半信半疑の顔をしていたものでした。

でもそのことで私は自信がつきました。「オレはきっと成功するんだ。見ていろ、チャンスはあるんだ」と思ったのです。一種の自己暗示ですね。

そういう経験があったので、字画にも興味があったわけです。社員全員の字画を調べたり、友人から「息子の名前を考えてくれ」と言われて、やはり21画の名前を考え、「将来、大成するぞ」と太鼓判を押したりしました。

この命名には後日談があります。そのとき名前をつけた友人の息子さんはその後、大学を卒業して、あるスーパーに入社したのです。でも「何年経っても刺し身を切ったりするような単調な仕事ばかりさせられている」ということで、「似鳥さんのところで使ってもらえないか」と頼まれたのです。「まあ、名付け親だからなあ」と思い、頼みを聞いて採用したのですが、使ってみたらこれが「全然ダメ」だったのです。

とにかくまったく働く意欲がなくて、言いつけられた仕事も時間内にできません。上司の評価も5段階のうちの1とか2で、最低でした。結局、本人とそのお父さん、私の友人に、「申し訳ないけれども、このままうちでやるよりも、仕事を変えたほうがいいと思う」と伝えて、別な仕事を探してもらうことになりました。

結局わかったのは、「字画がいいからといって、必ずしも本人が仕事ができるとか、人よりがんばるということはない」ということでした。まあ、当たり前と言えば当たり前です。

もう1つわかったのが、「頼まれて人を採用してはいけない」ということ。

それまでも政治家の紹介で採用した人はいたのですが、いい結果にはなりませんでした。政治家にかぎらず、頼まれて入社させた人はみな同じです。結局、自力でしっかりした会社に採用してもらう見込みがないから、コネを使うのでしょう。

今ではニトリでは縁故採用は一切行っていません。たとえ大臣から頼まれても、お断りしています。

ニトリは実力主義で競争が激しい会社です。実力が伴わない人は、入社しても本人が惨めなだけです。周りから無視され、お昼にも1人さびしく食べている姿などを目にすると、かわいそうで見ていられません。その人に合った職業に就いたほうが、本人のためになると思います。

そのようなわけで、採用や人事についてはいろいろ失敗もしてきました。それは「どうしたら人間の本質を知ることができるだろう。何か方法があるはずだ」と考えた結果で、そういうことも好奇心の表れでしょう。

**世の中の不平、不満、不便を見つけて、それを解決するものを考え続ける。好奇心を持って情報を集め、課題を解決するまで、あきらめない。そういう姿勢が発明と発見を導きます。**

その結果がニトリの「製造・物流・小売業」という業態です。

ニトリでは製造も自社工場でやっていて、今では物流部門の比重は3割程度で、５割が企画・製造になっています。販売は商品で決まるからです。

企画・製造も人材次第です。今は20年選手が１００名以上も育ってきたおかげで、企画の世界で革命が起こせるようになってきました。入社したときには５００名以上いたものが、多くの人がやめて、それでもこれだけ残ってくれました。もう少しして30年選手が100名以上という時代になったら、企画開発力はさらにパワーアップしてくるでしょう。店舗の数も1000店単位になってきたら、また世界が変わってきます。

**好奇心があればこそ、革命的なことが実現できるのです。**

## 「先制主義」と「集中主義」

**ニトリの5大スローガンの1つは「先制主義」です。これまでにないこと、ないものを誰よりも早くやる。**輸入家具を扱い出したのも、小売業なのに海外に自社の生産工場を作ったのも、物流の効率化のために採用したロボット倉庫も、日本ではニトリが初めてです。

たとえばカーテンを既製品にしたのも、世界でニトリが初めてでした。

一般に家具の買い替えは、10〜20年に1回です。使用期間が長いのです。これは家具が高価なためです。カーテンもニトリで扱い始めた当時は、買ってから10年、20年と使われていました。それはカーテンが高かったからです。オーダーメイドが普通で、1セットで20万円、30万円としていたのです。ですから家を新築したときに入れて、ずっとそのままという家庭が多かったわけです。

私は「この常識を変えよう、長さのあるベランダの窓用のカーテンでも、５０００円以内で買えるようにしよう」と考えました。そのために特定のサイズのものを大量に発注し、後で長さだけ調整すればいい、既製品としてのカーテンを商品開発したのです。

初めて開発したのはいいけれども、「ニトリに行くとカーテンがある」ということを知ってもらうのに3年かかりました。それまで家具屋でカーテンを扱うところはなかったからです。軌道に乗るのに5年はかかっています。世の中の人たちに広く「ニトリにはカーテンの品揃《ぞろ》えがいろいろある」とわかってもらうまでには、10年かかっているでしょう。

カーテンの次は寝装品を置きました。これはカーテン以上に大変で、なかなか軌道に乗りませんでした。当時は家具店と寝具店は別のカテゴリーで、誰も家具屋に枕や毛布を買いには行かなかったのです。おかげで寝装品については認知してもらうのに5年、軌道に乗るまで10年かかりました。

**これまで誰もやっていないことを一番先に、誰よりも早くやる。それをすると世間に認知されるのに何年かかかります。その代わりいったん認知されたら順調に売れるようになり、10年もすれば他とは圧倒的な差がついてしまうのです。**この「先制主義」はまさに、私の性格に合った主義です。

**一方、5大スローガンの1つに、「多角化をせず、本業に徹する」という「集中主義」があります。**

これは実は、私の性格とは逆なのです。私は何かと好奇心旺盛な人間なので、こういう主義を掲げて自制しないとつい、いろいろなことに手を出そうとしてしまいます。

ニトリが成長してからは、いろいろな出資の話が持ち込まれるようになりました。中には大変、有望な話もあって、私も乗り気になったりしたのですが、掲げている集中主義に反するということで、ほとんどは打ち切りになっています。

たとえば「洋服チェーンを買いませんか」と言われたことがあります。その話は非常によさそうに思えたので、私が1人でこっそり進めていたのですが、渥美先生やニトリの経営幹部にバレてしまい、止められました。

ホテルチェーンの買収話が持ち込まれたこともあります。この話もニトリの本業ではないということで、取りやめになったのですが、当初65億円、最終的には10億〜20億円ぐらいで買えそうだった事業が今、500億円ぐらいの価値になっているのです。その他にも靴のチェーン、おもちゃのチェーンなど、M&A（合併・買収）の話はいろいろ来ていて、この数年だけで3つぐらい、大儲けのチャンスを逃しています。

少し前の話ですが、「プロ野球チームを買わないか」と持ちかけられたこともあります。ある球団に身売り話が出ていて、ＩＴ（情報技術）系の企業が買収に名乗りを上げたのですが、「何をやっているのかよくわからないような会社に任せたくない。ニトリに買ってもらえないか」ということで、打診の電話をもらったのです。プロ野球チームのオーナーということになれば、広告塔としての価値は抜群です。私は大いに乗り気になったのですが、役員の誰に持ちかけても、全員が大反対で、やむを得ずあきらめたのでした。「手を挙げていれば、買収先として優先的に検討してもらえたのに」と思うと、今でもちょっと残念です。

今のニトリのビジネス以外にも、私はファッションが好きですから、「自分ならこうやる」という気持ちもあるし、飲食業にしても、「自分だったらこうやる」という思いがあります。でもそれをやると、本業に集中できません。**１つのことに集中しないと、競争に勝てないし、大きく伸びることもできません。だからニトリでは、衣食住の「住」に絞ってやっています。**

もともと渥美先生からは、「本業と関係のない事業には、絶対に手を出すな。時間の無駄、人生の無駄だ。何よりまずいのは、人材が分散してしまうことだ」と教えられていました。持ち込まれたＭ＆Ａの話にしても、もしやっていたら、それぞれ単体としては儲かっていたかもしれません。でもそちらに人や私自身の時間とエネルギーを大きく取られることになり、本業にはマイナスの影響が出ていたでしょう。

野球にしても、私のことですから、もし始めたら夢中になって、「絶対に日本一になる」と宣言し、毎週、球場に試合を見に行って、「いくらお金がかかろうと、赤字が50億円以上に膨らもうと、トレードなりなんなりして戦力をアップし、3年以内にリーグ優勝、5年以内にセパ両リーグを制してみせる。『巨人・阪神・ニトリ』というぐらいの人気を獲得してやる」と、壮大なビジョンを描いていたでしょう。「そうなっていたら楽しかったかな」とも思いますが、やはり本業には差し支えたと思います。集中しなければならない力が分散してしまうと、いいことはありません。

たとえばこの3年間、私が力を入れて取り組んできたのは、現在の中心商品の1つである、ベッドとソファの商品開発です。売上の伸びが止まっていたので、ゼロから商品開発を行いました。どんどん試作品を作って、お客様が好む製品ができるまで続け、その結果、昨年はベッドが大ヒットしました。今年はソファに力を入れており、私も引き続きベッドとソファを直接見るつもりです。幸い今年2月、社長を白井さんに任せて会長になったことで、それまでより1つの事業を見るための時間が作りやすくなりました。

でもこうした取り組みができるのも、本業に集中しているからこそ。関係ない事業の買収や出資をやっていたら、そういうこともできなくなります。

ただまあ本当を言うと、「同じ人生なら、もっといろいろ冒険したいな。もしあのとき、球団オーナーになっていたら、どうだっただろう」と今も思います。「やればよかったかなあ。

オレがオーナーだったら最下位に低迷していることはなかったぞ」なんてね。

まあ球団を持つというのは、事業というより趣味のようなものでしょう。渥美先生からは「経営者は趣味を持ってはいけない。24時間３６５日、チェーンストアの仕事に打ち込まなければならない」と言われていました。関係ない事業もダメなら、趣味を持つのもダメなのです。

もっとも私は、先生ほど自分にきびしくなくて、趣味についての教えはけっこう破っています。「休みの日にゴルフはするな」と言われてもやっているし、「飲み会は週1日にしろ」と言われても、週に5日くらい飲んでいたり。

経営についても「日本で目標を達成するまでは、海外に進出したらいけない」と言われていたのに、黙ってこっそり進出してしまったし、「小売業が製造に手を出してはいけない」と言われていたのに、自社工場を持つようになりました。

ただそれらについては、集中主義の範囲内かなと思っています。

**本業の外まで手を伸ばすのはダメでも、自分の職務の中では最大に好奇心を発揮して、どんどん新しいやり方を取り入れていかなければなりません。**

# 男も女も、度胸と愛嬌

社員がどんなに優秀でも、社長が判断を間違えば会社はおかしくなります。トップに指示された方向が間違っていたら、優秀な部下がいくら方法や手順を変えてもうまくはいきません。方向を決めるのは社長の仕事。社長に言われたら、社員は「それはおかしい」と思っても、しかたなく言われた通りにやります。だから会社は社長次第で決まってしまうのです。

経営者を囲碁や将棋にたとえるなら、十段とか名人と呼ばれるクラスが、セブン&アイ・ホールディングスの元会長の鈴木敏文さんや、ファーストリテイリングの柳井正さんです。経営者といってもピンからキリまでいて、下は10級から。段位を持つ人は少なくて、プロといえるのは四段以上。さらに将棋でいうA級棋士に数えられる人は、その中でもごくわずかです。本当は経営者がもらう報酬も、そのランキングに合わせて決めるべきだと思います。

社長は社業をがんばる一方で、次の社長候補、いつ自分の代わりに社長になってもいい人を育成しなくてはなりません。

どの会社の社長もみなそれぞれ、後継者の候補は必要です。自分の代はいいとして、次は誰にするのか、どんな人が理想なのか。どうやって後継者を決めたらいいのか。

会社の規模の大小にかかわらず、会社員であれば社長になりたいという人は多いでしょう。また、そうした希望を社員に持たせるようにすることは、社長にとっても大事なことです。社長というのはマネジャーのトップです。みんな、できたらなりたいと思っていると思いますが、マネジャーの素質とスペシャリストの素質は違っています。大抵の人が持っているのはスペシャリストとしての素質で、マネジャーとしての素質を持っている人は10人に1人ぐらいでしょう。

かつて北海道の家具業界で、販売の神様と言われていた人が独立したことがあります。けれどもその人の店も、最後は倒産してしまいました。見ていて「販売の能力と経営の能力とは違う」ということがよくわかりました。

マネジャーは人を動かすのが仕事です。部下とコミュニケーションをうまく取って、自分の手足のように動かし、使いこなさなくてはなりません。でも実際は「人を動かすのは苦手」という人が多いのです。**部下を動かすのに必要な素質、そのために必要な物の見方や考え方は、5人、10人の小さな会社でも、社員何万人という大きな会社でも基本的には変わりません。**

**トップに求められる条件は、ロマンとビジョンを別にすると、私は「素直であること」「柔軟であること」、そして「フレンドリーで、愛嬌があること」ではないかと思っています。**

上からも下からも、さらに横、同僚からも愛される。少なくとも、嫌われない。これは大切です。性格が悪くて数字だけよくても、トップとしては失格です。刃物のように鋭いけれども、他から好かれない人がいますが、リーダーには向いていません。組織を動かすのですから、周囲から嫌われては務まりません。性格と数字のどっちを採るかとなったら、性格です。

**トップとしてもう1つ大事なのが、度胸です。「度胸がある」とは、「決断と実行ができる」ということ。躊躇《ちゅうちょ》して考えてしまう人、立ち止まってしまう人は、どんなに秀才でもトップには向いていません。**やってみれば、たとえ失敗したとしても経験と勉強にはなります。やらないで止まってしまう人は、時間と給料を無駄にしている人。むしろ会社にとっては、いないほうがいい人です。いくらすばらしい考えを思いついても、実行しなければなんの役にも立たないのです。

**よく「男は度胸、女は愛嬌」と言いますが、男にも女にもその両方が必要です。**結婚するときは、そういう相手を選びましょう。社長選びも同じだと私は思っています。明るくて前向きな人を社長に選べば、会社全体が明るく前向きになり、きっと社員も幸せになれるでしょう。

# 即断・即決・即行

企業のトップともなると、最終の決定権限を持っていますから、組織が大きくなればなるほど、決定すべき事柄がどんどん増えていきます。そこで決定のスピードが大事になってきます。トップの決断が遅いと、組織全体の動きが遅くなってしまうからです。

私は短気な人間です。大阪でいう「イラチ」で、部下に何か指示してもすぐにやろうとしないと怒り出してしまいます。「返事は10秒以内に返せ」といつも言っています。成功したかったら、のんびりやっていてはダメです。せっかちでなければ成功はできません。

すぐに返事をせずに「忙しいので」「今やっているところです」などと言い訳する人ほど、実は何もやっていないものです。

人材とは、仕事の処理能力が高い人のことです。どんどん仕事を片付ける人に仕事は集まってきます。私は今、１日に２００から３００の決裁をこなしています。それだけ決裁のスピードは速いのですが、失敗はたくさんしています。**失敗しないことより、決めることが大事です。とにかく攻めること。成功するのは攻める人です。**

決裁のときは「失敗したときには提案した者が責任を取るように」と言っています。決裁した人が責任を取っていたら、首がいくつあっても足りません。提案は質より量です。「毎日、日報でアイデアを出せ」と言っています。採用されてもされなくてもいいから、とにかく毎日出す。それが大事で、新人はそうやって1年2年とアイデアを出し続けているうちにだんだん質が向上してくるのです。

私も、今でこそ即断・即決・即行ですが、経営者になって最初のうちは、全然そうではありませんでした。でも「こんなにのろのろやっていては、100年経ってもビジョンなど実現できないぞ」と考えて、仕事のやり方を変えたのです。「失敗したら、それは授業料と思えばいい。会社さえつぶれなければいいんだ」と考えて、次々と決めるようになりました。

抱え込まないことが大事なのです。処理能力の高いトップは、いっぱいいっぱいに仕事している状態で、さらに3割、仕事の量が増えても、それまでの仕事のうちの重要度の低い仕事を捨てたり、人に任せたりして、なんとかこなしてしまうものです。そこからさらに仕事が増えると、またいろいろ工夫してこれまでの仕事を圧縮して、片付けてしまいます。自分がやることで、多少はよい効果があったとしても、大勢に影響ない程度であれば、人に任せてしまう。あるいは、その仕事そのものをやめてしまう。

つまり、**まず「捨てる」のです。業務のやり方を工夫したり改善したりするのは、その次です。抱え込みすぎると前に進めません。**他の人でもできる仕事はそちらに任せ、自分はより重要な仕事、その人でなければできない仕事をやる。捨てるのがうまい人でなければ、大きな組織のリーダーは務まりません。

私もそうあろうと心がけていて、来た仕事はどんどん処理します。熟慮ということはしないで、10秒か20秒で決定します。**処理能力を高めるためには、何事も「即断・即決・即行」で、翌日、翌週には持ち越さないことです。間違ったらやり直せばいいのです。**決断に必要な調査は部下にやってもらい、提案は少なくとも3つ出すように指示しています。ただし、最初から3つの案しか考えないというのではダメです。どれを選ぶべきか迷うような最終候補を3つ出すのであっても、上下左右いろいろな視点から立体的に考えて、たくさんの案を出す努力が必要です。できれば100くらいの候補を出して、それぞれについて調査した上で、そこから最終候補を絞り込んでいくのです。

私も最初は「自分がやらないと」という気持ちが強すぎて、なかなか人に任せることができませんでした。でもそのうち「これじゃ会社が大きくならない」と気づきました。それで抱え込んでいた仕事を部下に任せ、自分は私でなければいけないことだけをやるようにしたのです。**「何をやるのか」を決めるのは大事なことです。それを決めるのは、仕事以外の時間です。会社に出てくる前、退社後、寝る前、休みの日などに考えます。**

**やることの中でも、常に優先順位を考えます。基準は「お客様が求めていることかどうか」で、お客様が求めていること、お客様の不平、不満、不便の解決が最優先です。**会社の部署で言えば、店舗が最優先になります。大事なのはやはり販売の現場で、そこにお客様の不平、不満、不便があるのです。店舗はお客様と接する最前線ですから、物流の改善よりも店舗の改善が優先です。

ニトリでは人事異動の際、普通の会社とは反対に「本部に出向する」「現場に戻る」という言い方をします。現場で問題を発見し、本部に来てそれを改善する仕事に就くわけですが、5年も現場を離れると化石になってしまいますから、また現場に復帰してもらうのです。

店で働く人の不満の解消も優先しています。たとえば作業が多ければ、それを減らしてあげる。物流センターを改善・改革するときも、効率を上げたりコストを下げたりすること以上に、「店にとっての不便を解消すること」を優先します。優先順位が違うと思ったら入れ替えてしまいます。

# 会社を動かす大黒柱になりえる人材

ニトリの場合、次期社長候補と言えるのは、執行役員と、社長直属の30～40人の部門長です。日本の大手企業の組織は基本的にピラミッド形で、全部で7～8の階層があるのが普通です。でもそんなに階層が深くなると、社長は雲の上の人になってしまい、命令が現場まで行き届かないし、現場の声もトップに上がってこなくなります。

そこでニトリでは基本的に「トップ／マネジャー／担当者」という３階層に簡略化しています。一般の企業では、トップの下には営業担当や経理担当など４人ぐらいの役員がいるだけですが、ニトリでは社長の下に30人ぐらいの直轄のマネジャーがいるのです。前はもっと多かったのですが、さすがに多すぎるということで、それぐらいまで減らしました。ニトリホールディングスの社長も兼務すると、それ以外に子会社なども見なければならないので、本当に大変です。今は会長にしてもらってやっと解放されましたが、正直疲れました。

ニトリの役員は今は、一番若い人で40代後半です。役員については、私は昇進が遅すぎるぐらいでいいと考えています。経営に関わるのは基本的には、50歳から。役員への昇格は、「この人は間違いない」と見極めがついてからでいいと思っています。

それは早く役員にしすぎて失敗したことがたくさんあるからです。40代でもどんどん役員にしていた時期もあったのですが、あまり若いうちに役員にしてしまうと安心したり、慢心したりして、それ以上の成長が止まってしまいがちなのです。自信過剰になってしまって、会社をやめてしまった人もいました。

**渥美先生は「鈍重でも、遅くても、とにかく止まることなく前に前に進み続ける人が会社を動かす大黒柱になるんだ」と言っておられましたが、私も部下を見ていて、確かにその通りだと感じます。日本だけでなく世界で通用するような人材を育てるのは、時間がかかるのです。**

私は社長という仕事は、死んだ後、50年後、100年後に評価されなくてはならないと思っています。会社の業績は、目の前の数年間のことだけ考えればよいのなら、簡単に底上げすることができます。先々のことを見据えた教育や研究などの先行投資をやめ、コストカットを優先すれば、目先の利益は上がるのです。実際、そんな経営をしている人も少なくありません。創業社長以外のほとんどの社長は、社長でいる期間は数年でしょう。たとえ4年間しか在職しない社長であっても、10年後、20年後のことを考えて経営判断をすべきです。在任中のことだけ考えて計画を立てていると、改善はできても改革はできません。改革をやらないと、当面の利益は上がっても未来の成長はできなくなります。

トップが目先の売上や利益にこだわり、外からチェックする仕組みもないと、部下が上におもねって業績をごまかすといったことが起きてきます。

## 鈍くても遅くても、とにかく前に進め

ニトリでは新卒採用でも中途採用でも、学歴より正しい物の見方、正しい考え方をする人を優先して来てもらっています。また今後の会社の成長を見据えて、マネジャータイプ、指導者

タイプの人を多くしています。

**指導者を育てるためには、経験が第一です。読んだり聞いたりで身につく知識は1割だけで、残りの9割は経験から得られるのです。**だからなるべく多くの経験をしてもらうために、配転教育を実施しています。

ただ現実には、それでも10人に1人しかよい指導者にはなりません。より早い成長のためにも、この比率をもっと高めていかなくてはと思っています。そういう願いを込めて、以下、社員のみなさんを念頭に、グローバルリーダーになるための心得をお伝えしたいと思います。

**◎人間一人では、みな怠け者、だからわずかな努力で大きな差がつく。最初のスタートダッシュが大事だ。**

ニトリでは入社3年は年功序列。評価にもそんなに差はつけません。だからといって流してはダメです。スタートが大事ですよ、ということです。

**◎社内資格試験を具体的目標として生涯教育のワンステップに活用せよ。**

すでに説明した、全社員に記入してもらう個人としてのキャリアシートをもとに、自分の人生設計を立て、それを実現するために学び続けてください。

**◎会社のために自分がいると思うな。自分の発展のために会社があるのだ。**

会社は社員の自己成長するためにあるのです。自己成長させてくれて、失敗の代償は会社が払ってくれる。その上に給料までもらえる。こんないいことはないんじゃないですか。そう考えるということですね。

**◎仕事は自分で選ぶな。「その仕事は自分には合わない」などということは、少なくとも3年経ってから言え。**

「合わない」などという弱音を吐くのは、3年経ってからの話。まず1年間経験し、2年目で変える努力をし、3年目でスピードアップを図っていく。それでダメだったら「やっぱり合わないと思う。違う部署に行かせてください」と言ってもいいんじゃないですか、ということです。

**◎全身で覚えなければならない仕事が、たくさんある。それが20代の仕事である。30代に入るとできなくなる。**

現場に行くと作業がたくさんあります。それはお客様にとって必要な作業なんです。それを嫌がらないこと。

スポーツでもなんでも、大切なことは繰り返し繰り返しやってみて、身につけます。体で覚えなければならない。20代というのはそういう時期なのです。全身で仕事を覚えることこそ、20代にやるべきことです。30代からは、頭を使って改善していく。40代は、今までのやり方を否定して、大きく改革をしていく。50代は経営をしていく。まだ現場の仕事もろくに知らない20代で、頭だけで考えて大きなことをやろうなんていうのは、無理です。

**◎問題がない。それが問題だ。20代で問題意識を持たないと、後は堕落するだけである。**

私がそうでした。若いときの私にはロマンもビジョンもなかったので、問題意識もありませんでした。壮大なビジョンを持つと、それを叶《かな》える上で障害となる、たくさんの問題が見えてきます。お客様の立場で考えるようになると、不平、不満、不便のもととなる問題が見えてきます。ロマンとビジョンを持たず、自分の立場でだけ考えている間は、問題は見えてきません。それでは進歩しないよ、ということです。

**◎今の仕事に全力投球できない者は、希望するポストに移っても、満足な仕事はできない。**

「今の仕事が合わないから」といって他の部署、あるいは他の会社に行ってもダメです。「うまくいかないと逃げる」という悪い癖がついてしまいます。苦労しながら、体当たりして、自分の体で問題を解決していくことです。

## ◎1つの会社で3年以上務まらない者は、どこに行っても長くは務まらない。

私はよく「石の上にも3年、風雪5年、苦節10年」と言っています。どんなところでも10年いたら、自己成長し、自分を変えることができるようになるものです。逆に3年ももたないようでは、どこに行ってもうまくはいきません。

## ◎数学と語学と運動は20代が最高。後は衰える一方である。

実際は20代ではなく10代が1番と言っていいかもしれません。次に20代。30代になると、物事を覚えるのに若い頃の2倍以上かかるようになります。40代になったらもう、あきらめたほうがいい。若いうちに覚えなければいけないのは、数字を使ってやりとりする習慣です。

ビジネスに数字はつきものです。毎日の上司とのやりとりには必ず数字を入れるようにします。数字が苦手な人でもやらなければいけません。ニトリは週次決算が出るので、毎週、月曜日に品種ごとの数字が出てきます。そこに問題はないのか、探す習慣をつけることが大切です。

## ◎20代において、心の健康法を確立しておかないと、30代以降に差し支える。

最近はどこの会社でも心の病気が多くなっています。

心の病気は、取り越し苦労をする人がなりやすいんです。物事に取り組む前にくよくよ悩んでいると、絶対前に進めません。終わってくよくよしていても進めません。これを持ち越し苦労といいます。失敗してもいいから前に進むことです。失敗は若さの特権です。未経験なんですから、失敗はしかたないんです。どんどん前に進むことです。

20代なら心の病気になってもまだ立ち直りやすいですが、30代以降で心の病になってしまうと、だんだんと厳しさが増していきます。誰でも鬱《うつ》状態にはなります。私も昔、鬱状態になったことがあります。大事なのはそこから早く立ち直ることです。

## ◎時間がない、という人にかぎって無計画で行き当たりばったり主義で無駄が多く、その上、長時間眠っている。

計画を立てないで何かをやるということは、無駄の塊《かたまり》です。仕事の時間も人の2倍、3倍かかってしまいます。何事も計画を作って進める習慣を身につけましょう。会社のためではなく自分のために、そういう習慣を身につけること。それをシステムと言います。システムとは

「それをやって当たり前」にすることです。

## ◎目標を設定せよ。年間の大目標。3ヶ月の中目標。週間の小目標。それに今日の目標をはっきり決めて、それに向かって爆進せよ。

会社では、30年、50年単位の長期計画、3年、5年の経営戦略は経営者が立てます。社員はそれに則《のっと》って自らの仕事の計画を立てていくことになります。

みなさんの場合はまず年間計画を立て目標を設定してください。それをさらに3ヶ月の中期目標、週間目標、さらに明日の目標を立てて、計画に落とし込んでいくのです。その際には、数字をきちんと入れることが必要です。たとえ守れなくとも、必ず数字を入れます。計画通り行かなくてもいいんです。修正、修正で、その週に達成できなかったら、次の週に達成すればいいのです。

## ◎まず命令を果たせ。次に期待を果たせ。そしてさらにそれを上回れ。

上司からの命令を果たさないで、文句だけ言う人がいます。まずは与えられた仕事をきちんと果たすこと。命令を果たすこと自体がまず難しいのです。命令を受けたら、必ず結果を報告しなければなりません。仕事は報告で終わるのです。指示を受けっ放し、仕事をやりっ放しでは完了したことになりません。その上で期待に応え、さらに上回っていく。期待に応えるというのは、難しいことです。白井社長もそうして成長していった人で、だから「よし、この人に社長を任せよう」となったのです。

## ◎自分の人生に生きがいを感じ、夢中にやってきた人にとって、その人生は成功そのものである。

「生きがい」は「働きがい」とは違います。働きがいは短期的なものですが、生きがいは一生かけて追求していく、熱中していくものです。

人は毎年、１つずつ歳を取りますが、ロマンがあれば、心は青春を保っていけます。私は今も青春まっただ中です。20代、30代も楽しかったけれども、40代、50代になったらもっと楽しく、60代、70代になってさらに楽しくなりました。80代はどうなるか。おそらくもっと楽しいでしょう。みなさんもロマンを持って、人生を成功させてほしいと思います。

## ◎欠点あるを喜び、長所なきを悲しめ。欠点を直しても伸びない。長所を伸ばしてこそ伸びがある。

コンプレックスはみなさんあると思います。欠点は気にしないことです。気にしすぎると、なかなか結果に結びつきません。欠点は欠点。はっきりわかります。しかし欠点を直しても、人は伸びません。そんなことより問題は長所です。

自分の長所は何か、考えることです。これは早く見つけたほうがいい。ただしそれは、いろいろな仕事を経験してみなければわかりません。私の場合は、接客はいくらやってもダメでした。しかし、たまたま商品を仕入れをやったら、それには興味を持てました。それが長所になりました。みなさん、ぜひ自分の長所を探してください。

部下の長所を見つけることは、上司の仕事です。しかしそういう人と出会わない場合もあります。そのときは我慢するしかありません。そのうち上司は替わるものですから。

## ◎全力投球した現場経験は、やがてあらゆる判断の基礎になる。

現場の仕事というのは、一見つまらない仕事の繰り返しです。しかしそれは「おぎゃあ」と生まれて、赤ちゃんから大人になっていく過程の、基礎的な骨格になる経験なのです。その経験に全力投球していくことが大事です。特に20代の現場の経験は大切です。仕事のやり方を身につけておけば、30代になってそれを自由自在に改善できます。40代になると乗り物を換えるように、自由にやり方そのものを変えていけます。やがて、それが楽しみになってきます。

最後にもう一度、お伝えしておきます。

**人生の成功において決定的な要素は、学力でも、学歴でもありません。その人の「心の持ち方」なのです。**

この本で紹介した「ロマン」「ビジョン」「意欲」「執念」「好奇心」、中でも「人のため、世のために、人生をかけて貢献する」という大志、ロマンを抱くことはなにより大切で、それによって生き方のすべてが劇的に変わってしまうのです。

自分中心のものの考え方、心の持ち方を変えるのは、決して簡単なことではありません。「変わらなくてはならない」と心の底から決意して、「人のため、世のため」と何年も何年も思い続けて、やっと40歳を過ぎて、変われるか変われないかです。でも、もし変われさえすれば、そこであなたの人生は変わります。どんなに勉強のできない「落ちこぼれ」でも大丈夫です。私がその証拠です。心に強くロマンを抱けば、何も怖いものはありません。スタートが50歳でも、60歳でも大丈夫。**「ロマン」を心に燃え上がらせ、数字の入った「ビジョン」を明確に持てば、「意欲」「執念」「好奇心」はおのずと湧き上がってきます。**

**その先では、これまで想像もできなかった大きな成功が、あなたを待っています。**１人でも多くの人がこの本を手に取り、心に熱い革命を起こして、人生の大成功をつかみ取ることを願っています。

[著者]

**似鳥昭雄**（にとり・あきお）

ニトリホールディングス会長。1944年、樺太生まれ。64年、札幌短期大学卒業、北海学園大学編入。66年、北海学園大学経済学部卒。67年、似鳥家具店を札幌で創業。72年、似鳥家具卸センター株式会社を設立。同年、米国視察ツアーに参加。78年、社名を株式会社ニトリ家具に変更。85年、社名を株式会社ニトリに変更。2010年、持ち株会社へ移行。15年、年間売上高4000億円を突破、400店を達成。16年2月期で、29期連続の増収増益を達成。

# ニトリ 成功の5原則

2016年 8 月30日 第1刷発行
2021年10月10日 第8刷発行

著　者――――――― 似鳥昭雄
発行者――――――― 三宮博信
発行所――――――― 朝日新聞出版
〒104-8011 東京都中央区築地5-3-2
電話／03-5541-8814（編集） 03-5540-7793（販売）
印刷所――――――― 大日本印刷株式会社


Published in Japan by Asahi Shimbun Publications Inc.
ISBN 978-4-02-331532-7
定価はカバーに表示してあります。